U0098282

思想觀念的帶動者
文化現象的觀察者
本土經驗的整理者
生命故事的關懷者

心靈工坊
PsyGarden

Master

對於人類心理現象的描述與詮釋
有著源遠流長的古典主張，有著速簡華麗的現代議題
構築一座探究心靈活動的殿堂
我們在文字與閱讀中，尋找那奠基的源頭

開放對話・期待對話
尊重他者當下的他異性
Open Dialogues and Anticipations
Respecting Otherness in the Present Moment

亞科・賽科羅（Jaakko Seikkula）、
湯姆・艾瑞克・昂吉爾（Tom Erik Arnkil）——— 著

吳菲菲 ——— 譯

茵特霖創意對話中心
Center for Creative Dialogue ——— 合作出版

目次

【推薦序一】對話哲學與實踐的極致

吳熙琄（茵特森創意對話中心創辦人和執行長）

從 2005 年起，我一直很希望有機會可以介紹芬蘭心理學家亞科・賽科羅（Jaakko Seikkula）的開放式對話（Open Dialogue）進入華人世界，因為他在當代精神醫學界的工作有著革命性的影響；當我們有機會接觸開放式對話的思維與哲學觀，並看到如何透過研究而產生接近精神科情境的實踐和效果時，對於我們在地的心理治療工作一定會帶來反省與改革的激盪。

1990 年代我在美國波士頓工作和生活時，就聽說過亞科的精彩工作，透過閱讀和同儕們的口耳相傳與討論，以及他陸續發表的研究和實務工作心得中的過程，我愈來愈被他的工作精神感動，也希望波士頓地區能有機會邀請他來演講，但那時因緣一直未曾具足，我把這份感動放在內心，一直等待著未來的緣分。

2015 年四月，亞科在台北茵特森創意對話中心的邀請下第一次來到了台北，也是他第一次的亞洲之行，當時日本的資深精神科醫生、心理學家及香港的家族和婚姻治療教授也都慕名前來，參加這個難得的課程。之後，我陪同亞科前往武漢、上海，所到之處，人們都為其三十年來累積的經驗及學術研究的豐富實力折服。尤其他在台北及上海的多場現場訪談，讓學員留下極為深刻的印象。

亞科在多年的精神科工作中與他的團隊共同研發出開放式對

話的技巧與理論，透過嚴謹的研究去理解他們實務工作的優點和限制，基於這些回饋再去調整開放式對話該如何進行，因此開放式對話能走到今天，與其踏實的研究及深厚的對話哲學觀有著極密切的關係。我在和亞科聊天中，體會到他對研究的高度看重，亞科本身是心理學家，也是家族和婚姻治療師，他覺得我們的領域太缺乏研究了，因此出現了很多弊端和困難，他鼓勵大家一定要多透過研究對實務工作做反思和調整，才是長久之計。

　　開放式對話為針對精神病發作時所設計的危機對話，它會在二十四小時內集結相關的醫護人員、心理人員、個案、個案重要親人等進行開放式的對話，大家共同去看到底發生了什麼，允許複調多元性的聲音（polyphonic voices）出現，每個人的聲音、想法、擔憂都可以表達，尤其當個案有妄語（psychotic speech）的現象時，大家甚至會為妄語的聲音創造一個空間，因此個案在一個受人尊重的空間，開始可以安全地表達他／她的想法。在開放式的對話空間裡，被回應、被聽見是主軸，因此會議不會快速做出定論或決定，而是創造開放的會談環境。在亞科與其團隊多年的工作與研究中，發現病人住院率明顯降低，能更穩定地回到工作，用藥率下降，而且症狀也緩解許多。因為這些明顯的效果，目前芬蘭全國許多精神醫療單位都採用開放式對話，歐洲許多的國家也陸續運用這種方式來進行精神醫療。亞科提到開放式對話最重要的目標就是要恢復對話空間和創造對話空間，病人、重要關係人能跨界共同對話，尤其病人的聲音在此空間中能被好好聽見，好好的被回應。在近年的一場國際會議中，亞科對著現場所有的參與者，有感而發地說：「其實我們和有精神科議題的人都是一樣的」（We are just like them!），看到亞科這種對人的深刻

尊重，讓我內心激盪不已。

可能很多人會擔心華人的醫療環境不同，開放式對話很難在我們這裡做得到，但我想不論多困難，能透過開放式對話去協助我們反思，縱使要很長的時間，還是很有價值的。

這本書另外一位作者湯姆‧艾瑞克‧昂吉爾（Tom Erik Arnkil）及其團隊發展的期待式對話（Anticipations Dialogue）也非常值得我們參考。湯姆主要在社工與教育的領域推動，但二人基本的理念和對話哲學觀是相通的。湯姆在社服單位及教育上的運用展現了驚人的效果，最有名的工作是「去專業人員憂慮」計劃，透過以協助專業人員減少對個案的擔心為核心來設計對話，個案也因此不被責備，可以發展自己的資源而反過來協助專業人員，但終極目標是個案有了延續性的改變，而且專業人員更有信心協助個案執行改變的計劃。還有其它推動對話的項目，都非常精彩。

亞科從實務走向研究，湯姆從研究走向實務，二個人對如何讓他們各自領域中的工作更具有對話性有著極深的反思和實踐，他們對研究如何從平均值普遍性到獨特性，以及和情境連結來讓研究充滿對話性有著獨到的見解與檢視，他們深信對話性是人類生活賴以生存最主要的基礎，而且要以尊重他異性（otherness）為根基。

茵特森創意對話中心將於 2017 年九月九日到十一日再次邀請亞科來到台灣，希望大家有機會可以接觸、體會他的風範與精神，來與我們做更多深刻的交流。

感謝心靈工坊出版這本書，每一次的出版都是一個挑戰，但讀者可以有福氣閱讀這本具有精神醫學與社服教育領域中對

話突破性的好書。本書譯文清晰流暢，也非常謝謝吳菲菲的用心
翻譯。

【推薦序二】自從我們是一場交談／並且互相聽到起

林耀盛（台灣大學心理學系教授）

做為人類存有，沒有什麼比缺乏回應，更為可怖。

——M. Bakhtin

　　這是一本研究與實務無間斷對話的書，是從臨床診療到社會場域的對話之書。兩位作者亞科・賽科羅教授與湯姆・艾瑞克・昂吉爾教授合著的《開放對話・期待對話：尊重他者當下的他異性》一書，充分反映兩位作者分別對於心理治療、社會政策、民主文化和健康福利等專長所建構的跨域越界之實踐網絡地圖；而對話、眾聲複調性、交互主體性，以及人際關係，是串連本書脈絡的重要核心元素。

　　對話的重要單位，是自我與他者的互動關係。過去，在自我中心主義下，他者總是被化約成異己者，列維納斯（E. Lévinas）則開展「為他人」的倫理。因為我不可「替」他人而苦，因而以一種對他人的責任感作為對他人苦難最大限度的臨近，「為」他人的責任感，即便對他人有著深刻的情感，我們也只能在「為他人」的努力中，看到生存者想使責任的意義超出自身存在的範圍，而抵達他人界域的高貴意願。為他人，並不是行有餘力而為人的主體，而是身陷自己生存泥淖中，卻懷有對他人深切情感的人。台灣臨床處境目前尚未完全抵達的地帶是「為他人」的倫

理，通常思考的是「替自己」的邏輯化，這本書則直接挑戰臨床倫理的無能回應之處，促發我們思考臨床實踐的不同方式。

本書的觀點，倡議建立了自我與他者的關連，得以進一步促發開放式對話。無論是亞科來自精神病治療中的開放式對話；或是湯姆來自可以解決多方協助所致之混亂局面的期待／未來式對話，都是打開了「將來」時間性的可能性。「將來」就是總是將要來臨卻從不會在場，在將來的視域中「呈現」的只能是「不在場」。「在場」的時間性的超越性所朝向的應該就是「將來」的神祕之謎，於是時間本身也不再是存在者存在的視域，而是存在超出自身的樣式。

由於人們存在的各種可能性，眾聲喧嘩的對話基調難免。本書立論基礎所援用的巴赫金（M. Bakhtin）曾以眾聲喧嘩的觀點，分析歐洲中世紀狂歡節儀式風格的民主化。後來，巴赫金透過蘇格拉底的對話與小說話語的詼諧或多音所揭顯的反諷智慧，建立了一種開放辯論、積極交流的修辭，經由眾聲喧嘩的離心性、多樣性、曖昧性、歧異性，鬆動了既定的社會規範，發揮超越藩籬階級的修辭功能。因此，眾聲喧嘩本身可以促發人們追尋正義與訴諸真理的主張，其本身蘊含著倫理實踐的向度。

由此來看，沿著本書的書寫脈絡，可一步一步遊走於心理治療的臨床「微觀處境」和社會政治的「鉅觀結構」現場間，進而更深刻認識到雖然不同場域都處於眾聲喧嘩的狀態，等待著開放辯論與反思實踐，但卻不時面臨著阻礙對話的無數挑戰。無論是本書提到的地方政府之同儕學習的「打穀倉」作法，這是芬蘭人日常用語，意指徹底的對話，不帶任何攻擊或負面的含意；或是心理治療歷程的受苦經驗對話性理解，兩位作者對實證醫學模式

與手冊導向標準化的評估模式，以及重視因果解釋模型建構，而非深度描述置身所在現象的研究文化，提出批判性的反思。由本書立論可知，積極打造「交流空間」和「市集廣場」的場域，才能與參與式形態建構問題解決方案，以促使科學研究的社會實踐得以具身落實；而不是僅在實驗室數據堆疊的密室操作而已，這是「去脈絡化」的實證主義單調訴求。

本書的特色，在於喚起對話的實踐，就在於起身行動。對於個體遭遇或社會病理診斷，召喚出語言的真正性格在對話。因此，這本書所提出的開放式對話，就治療處境而言，不僅是我們與病人及其家屬（甚至還包括其朋友）舉行會談的方式；它也提供基本原則，讓我們知道如何在動員整體精神病治療時能促進對話。在開放式對話中，每一會談會根據案件的情況和背景形成自己的結構；在期待／未來式對話中，會談是在結構中進行，依照某種順序架構起來。在開放式對話中，每個人都以「圈內人」的身分參與治療過程；期待／未來式對話中的主持人則是外來者。如此，就治療者的「在場性」而言，就是一種與他人「面對面」的遭逢。案主是自己改變的專家，無論是就晤談內容（案主知曉自己的狀態）或是晤談歷程（案主溝通的方式或語言），都是一種專家。而治療者是以一種存有的回應，是對他人肯認後的「我們」關係的形成。

與本書對話，近年來，我們也提出倫理放入療法過程中的論述，這樣會產生的是「療遇」關係。病者、苦者和療者相遇，結合成直面的並行者，照面即療癒（遇），沒有預設的「病苦皆除」狀態。所謂照面即療癒（遇），是指人們有「臨場的能力」，可以一方面自我肯定，另一方面也會同時對他人保持開放

性和肯認度，亦即個體不會自我封閉或喪失主體性，而是會視他人的狀態，在不損及對方主體下，予以適切回應或照應。所以，對案主（人）的「在場性」共行陪伴與互為對話，基本上，已經涵蘊療遇的深層特性，受苦性經驗的殘酷領域，也就獲得減緩或抒解的可能。

由此，經由本書所啟發的心理治療歷程是一種複調特性，就認識論而言，心理治療主要是在不斷經驗地肯認他人，而不是知識的獲得。就關係取向而言，這是一種與他者遭逢的過程，而非刻意製造關係。就存有論而言，治療者不採取目的導向或真理發現模式，而是開放性地在場，與他者遭逢而觸動。就技術層次而言，這是一種促發與傾聽，而不是指導、導航或給予忠告。就倫理實踐而言，治療意味著對於召喚的回應，而不是給予忠告，或予以道德性的勸說。

閱讀本書，不時浮現出賀德齡（F. Holderlin）的著名詩句：「自從我們是一場交談／並且互相聽到起」。自從我們的存在成為一場交談、並且能夠在交談當中互相聽到對方（的時刻）開始，這樣才能更貼切的理解活動拓展至共同實踐的層面。這種積極的聆聽向度一旦打開之後，交談對話才真正進入互動流轉的運行空間，也才開始有互相造成實質影響、彼此產生交互作用的結果出現。而後，逐步形成所謂的交談對話共同體，這是有限主體在歷史歸屬與社會聯繫方面的最終依歸。

回到台灣社會處境，置身日益多樣性、異質性、混合的（新移民／多元性別）文化，更需要寬容的對話理解。但我們卻往往看到遇到不滿就習慣以「嗆聲」發聲的邏輯演繹，尤其我們歷經舊威權體制政治媒體複合意識形態操作下的獨語性修辭術盛行年

代，對話參與、審議民主總是難以全面落實。如今再度政黨輪替的轉型正義工程推動之際，以責任認同姿態對話，重新評估生命價值的工作，雖難免遭遇困境，也可能產生憂慮情況或難纏的問題，但本書精心經營所部署的人際工作核心本質，這也許是走出對立姿態、邁入對話可行的文化診療藥方。亦即，這本書的中文版來得正是時候，透過本書許多案例討論，得以理解對話夥伴關係的建立歷程，並提供相互視域融合的開放／期待對話基礎，進而促進自我與他者得以不斷地交談與相互被聽聞。本書的複調書寫與眾聲喧嘩的修辭策略所營造的語境，值得我們仔細閱讀、理解，並加以轉化實踐。

這是一本建構相互對話與積極傾聽的切中時代之書，等待我們的回應。如本文開頭所引的巴赫金話語：做為人類存有，沒有什麼比缺乏回應，更為可怖。

置身文化／族群多樣性的台灣社會，是我們面對他者，迎向對話／傾聽文化的重要回應時刻了。

【推薦序三】與他者對話

鄧元尉（輔仁大學宗教學系助理教授）

　　本書在心理治療的領域、藉由巴赫金的對話哲學闡述一種旨在幫助他者的對話精神，並將之落實為可行的對話方案。作者始終如一地懷抱著對求助者的深切關懷，講述了許多頗富成效而激勵人心的臨床案例。在對傳統以控制為重的治療模式作出反省的同時，也將當代他者哲學中的重要概念轉化到心理治療中，提議出具體的實踐方案。這並不是一個容易的工作。本人長年研究他者哲學，並在強調宗教交談的系所任職，深知「與他者對話」一事之艱難。但我們確實生活在一個亟需對話的時代。本書的出現，對所有致力於對話工作的人來說，既是一劑強心針，知道抽象的哲學概念的確有可能成為一種實踐方案；又是一本指導手冊，可隨時藉由此書來反思自身在追求對話的道路上還有哪些功課要學。

　　所有人都生活在對話中，但不是每一種對話方式都會帶來積極的成果。我們今天格外需要的，是一種指向他者的對話，是有意識地與他者對話。「與他者對話」意味了什麼呢？首先，他者不是一個客體，可以任由作為主體的自我加以觀察、控制、操弄；一旦我們在對話中將語言視為一種可以操弄他人的工具與程序，此時我們的對話者就只是一個待處理的客體，而不再是他者。其次，他者也不是一個與自我對稱、可藉由自我的類比與想

像去理解把握的另一個自我；如果我們只是把自己對他者的想像投射出去，最終也只能在他者身上看到被反射出來的自我形像，卻未能見到他者與自我不同之處。他者之為他者，就在於與自我間有著不可被化約的差異。

「與他者對話」要求我們將他者作為他者來看待，作者明確而深刻地掌握到這個重點，並不斷告誡我們：對話的前提就是尊重與接納他者的他異性。他者有其不可化約的他異性，反映在對話上，這意味的是要肯認他者的說話能力，並尊重說話著的他者本身。我們習於在對話中把焦點放在他人所已然說出的話語上，以命題化的方式把這些話語固著下來，從而使我們可以在一個穩固的意義系統中去理解這些話語，以進一步去贊同、反駁，或是從中找到蛛絲馬跡以利診斷。在此，說話著的人不見了，只剩下那些被記錄下來的僵固語詞。但是，真正的對話是：把焦點放在說話的人身上，知道他會繼續說出新的話語，會繼續創造新的意義。當我們這麼做，便是向他者開放，承認他者總有可能說出我們無法預期、不可事先掌握的信息，總會帶出不能被簡單地化約到我們既有概念體系中的事物，承認無論他者講出的話語多麼混亂難解，他者總有我們所不理解但其實深具意義的某些面向。本書提議的兩種對話方式：開放式對話與期待／未來式對話，就是在追求如何讓真正的與他者的對話可以獲得實現，並相信在這過程中他者可以變得更好。

開放式對話的重點，就是創造對話空間以讓他者繼續說話，這要求治療師首先要看到案主本身，將其視為一個會不斷說話的人。於是，治療師的任務便是藉由專注聆聽與積極回應來讓他者繼續說話。藉由開放式對話，說話著的他者現身了，他真正而札

實地在場了，於是，屬於他者且由他者親自表達出來的意義，也就獲得了展現的空間。雖然期待／未來式對話的目標和形式與開放式對話略有不同（期待／未來式對話以增加願望實現的可能性為目標，其會談有個預設架構：從理想未來的觀點提問，並在當下把計畫摘述出來），但兩種對話方式都是把他者放回到一個更大的意義整體中，也就是把他放回到他的生活世界中，而不是把他從那個世界隔離出來。固然案主的生活世界潛藏著使他發病的因素，但也只有那個世界可以賦予他真實的存在意義，特別是伴隨著案主成長而與其生命諸般意義有著諸多共構面向的家人與朋友。開放式對話與期待／未來式對話讓案主在不與其生活世界分離的前提下，可以有空間讓相關人士致力於共同演化出一個新的意義整體，其中甚至連治療師也涉入其中，成為這個嶄新意義整體的一部分。於是，不只是他者在場，治療師也在場，共同創造出新的存在可能性。

　　本書不斷強調，真正的對話不是單一的聲音，而是複調的話語。沒有哪一個聲音具有壓倒性的權威，也沒有哪一個聲音應該被忽略與被壓制。在這個複調的世界中，不斷有新的語言、新的意義、新的主體、乃至於新的世界產生出來。治療師的首要責任，就是回應的責任。藉由回應，他者便有可能繼續說話，從而這個創造的歷程也可以繼續下去。

　　雖然本書屬於心理治療的領域，但誠如作者所屢屢提及的，本書所揭櫫之對話方式適用於所有以對話為專業的領域。重點是要掌握所謂的「對話精神」。對話精神與其說是一種方法，不如說是一種態度，甚至可以說是一種存在方式。在一個具有對話精神的世界中，我們不因懼怕失序而力求控制、壓制異議，相反

的，我們讓所有看似失序的妄言妄語可以有被表述的機會，而且認真地去聆聽這些言語，相信其中潛藏著既關於他者、也關於這世界的真實奧祕。對話精神讓未嘗被說出的話可以被說出，讓說出的話被聽見，並要求我們耐心等候尚未說出的話語脫口而出的時刻。如此，在眾生眾聲的複調共鳴中，我們希求所有受苦者都可以藉由他們的話語、帶著他們的肉身而在場，惠臨於我們。本書所刻畫的，就是這樣一種懷有對話精神的世界，籲求我們虔心等候與接待當下在場的他者，它值得每一位致力於對話工作的人參酌細讀。

序言：本書的目標與主題

　　本書的目標在鼓勵對話，也就是鼓勵開放、有所回應、不設法改變他人的對話關係。我們根據以往三十年所累積的經驗來討論第一線工作及研究發展，而我們的活動向來都著重在人際工作（relational work）的多人情境上——亞科是心理治療師，湯姆的活動則涉及社會工作、教育、日間照護，和其他家庭服務事項。然而，我們希望能超越自己的經驗範圍，以期與專業領域不同於我們的讀者對話。為達到這目標，我們盡可能深入討論對話的核心意義以及更為廣泛的人際工作環境。

　　我們每個人生來就活在人際關係中，而這些關係是組構我們心靈的動能。人際工作的專業人士即以此為出發點，不認為具有作為能力的個人為孤立個體，而將其作為能力置於他／她的人際關係脈絡中。我們也誕生在對話中，不用學習就進入了與人授受的關係之內。然而，人際工作本身極有可能失去其本然的對話基礎，因而遠離了它以人際關係為本的立場。這情況發生的最常見原因可能是工作者採用了單向因果（unilateral causations）的見解：A 用 X 對待標的 B，然後 Y 就發生了。如果用「專家」取代 A、「案主」取代 B、「方法」取代 X、「改變」取代 Y，你就會發現研究發展領域所強調的「正確作法」所採用的是哪種公式了。

　　我們希望為所有人際工作共有的對話性找出其核心元素。（這對話性在日常人際關係中也扮演了重要的角色。）在我們看來，

能明白那些使交談具有對話性質的關鍵因素對於人際工作的發展至為重要。我們將討論那些使對話性難以發揮作用的情境，並試圖指出實際工作中有哪些作法有助於恢復及維護人與人的相應關係。我們也希望以對話為本的人際工作能持恆發展，因此在本書中回顧了我們過去與地方工作者共同樹立對話之工作文化時所取得的重要經驗。我們兩人都很幸運，能夠參與地方或區域為建立具有對話性的工作文化時所做的種種努力——他們從基層到主管高層、橫跨各部門的工作人員無不投入了這些至今仍持續進行的努力過程。我們也希望能為讀者提供協助，使他們更容易在身處的環境中提倡對話文化。

我們將討論的題目包括：對話、對話性（dialogicity）、眾聲複調性（polyphony of voices）、交互主體性（intersubjectivity）、以及人際關係。對我們來講，對話性不是指方法，而是指立場、態度、以及人與人相處的方式；其要義即指人基本上都互為「他者」：人彼此平等，卻不相同。每個人的生命觀點都是獨特的，都外在於另一個人的觀點。俄國哲學家米夏‧巴赫金（Mikhail Bakhtin）早在 1923 年就說過：

> 互相於外的位置使我和另一人在事件[1]中處於絕對對立關係……那一刻，我在事件中的獨特位置使我肯定並確認了他無可置疑的存有狀態，雖然他自己對之未能全然認知。對方在他自己身上有正當理由予以否認的，我有正當理由予以肯定並保存於他的身上。（Bakhtin 1993，頁129）

　　自我和他者在一次事件中互相肯定及確認對方——這就是人我關係的唯一真實寫照。巴赫金日後用這方法去探討杜斯妥也夫斯基的長篇小說，並為人際關係具體提出了對話精神（dialogism）之說。根據巴赫金的說法（1986），杜斯妥也夫斯基小說中的主要角色中無一握有生命的唯一真理；他小說中的所有角色只各自擁有他人無從否認的個別真理罷了。所以，自主個體間的持續對話便是人繼續生存、繼續活在巴赫金所說之複調世界中的唯一方式。

　　在尋找人際工作之對話性的核心意義之際，我們發現有必要特別強調「尊重他者、或他者獨特的他異性」這一點。我們認為這是日常人際關係、心理治療、教育、組織之管理、社會工作和其他人際活動中最常見的對話原則。我們如果在積極的人際關係中記住他者必具他異性，那麼複調之必然性是很明顯的。人們期待、邀請，並回應他人的回應，因而我們並非只位於他人的「外面」而已。但我們也沒變成相同之人。如伊曼紐爾·列維納斯（Emmanuel Lévinas）[2] 所強調的（1969），他者永遠超過我們

1　譯註：「事件」（event）即巴赫金所說的「being-as-event」，意指：發生於眼前、當下之我正以獨特觀點參與的經歷即是「我存」（being）之所寄。由於人生事件層出不窮，因而「我存」一再改變而為複數。每一「我存」事件都具對話性，而「我」最重要的倫理責任就在發現和認知他者（包括古人、後來者、他物）的存在，藉這種觀照（即對話）使他者更趨於完整，因為無人能自行具備完整主體性或位格（personhood）。巴赫金在其〈作者與作品主角〉（"Author and Hero"）一文中就把此種人（物）我關係比為基督教中上帝與有所不足之罪人的關係：「我必須對他人具有上帝之於我所代表的意義。」

2　譯註：伊曼紐爾·列維納斯（1906-1995）為猶太裔法國哲學家。

能知的範圍——也正是這種他異性使對話成為可能和必要。生命建立在人際關係上；人誕生在關係中，也生存於其中，但人彼此永遠不同。我們必須無條件承認和接受他人，並尊重他或她的他異性。

　　無條件尊重他異性對個人生活和職場工作都會產生重大影響。本書各章將著重在後者，但不時也會論及日常人際關係。本書的目標在促進人際工作中的對話性——也就是改善那些發生於心理治療、精神病治療、社會工作、教育、日間照護、組織管理，以及其他專業人際工作中的對話情境。正如之前提到的，我們也討論哪些因素有助於維繫和拓展這些人際工作，使其在對話文化中得到支援，不致孤立無助。

本書的主題

　　我們在下面將首先略述兩種對話方式及其實際運用，以強調某些實際面向（第一章）。之後，我們將討論早期干預及對話精神在堪慮情況（worrying situation）中面臨的挑戰。在無須擔憂的情況下，我們多少較容易尊重他異性，但擔憂卻常使人不能堅守這種態度（第二章）。在其後接下來的兩章中，我們將轉移焦點、具體細述「開放式對話」與「期待／未來式對話」這兩種不同的對話途徑——它們是我們兩人最富經驗的兩種對話途徑。讀者將會留意到，這兩者十分不同，但也具有非常重要的共通處。開放式對話在心理危機的治療中是頗為人熟知的一種方法，但在討論這一點時，我們也將指出開放性和對話性這兩個重要原則對任何人際工作都十分重要。描述這些作法時，我們將討論有

哪些主要挑戰促使我們採取對話途徑。我們認為這些挑戰會引起讀者共鳴，使他們想起自己在現代專業領域中的經歷（第三、第四章）。在一路的探討過程中，我們下一步將探究對話的核心本質，並思索培養對話空間的各種途徑（第五章）。在第六章中，我們會問何以複調對話具有如此深效，繼而思考生命相依這一特色、也就是人打從吸入第一口空氣後就以對話為其存在基礎的事實。這一章的總結提出了一套指南。在第七章中，我們將討論如何使對話具有意義。為此，我們為多人對話──不只兩人參與之對話──的進行提出了一套特定方法。

　　我們最後要討論推廣及延續對話作法的研究工作。第八章討論的是發生於社區／城市層次的改變，第九章則討論如何利用嚴謹的研究從經驗中取得可用來推廣對話作法的概念。對話值得我們去為它從事符合其回應性和複調性特徵的研究工作；為了促成對話作法，我們也必須發展出一套適當的研究範式（research paradigm）。我們會為自然研究法（naturalistic research）[3] 提出不同的範式設計。在本書結尾，我們會寫出即將完稿時的一些感想（第十章）。

3　譯註：指研究者直接在社交、工作和家庭現場觀察個案的行為，不做任何安排和干預。

【第一章】 聆聽案主的陳述，你就不會再心存定見

　　我們在本章中將提到我們在過去二十年中針對多人對話最常採用的兩種作法。它們有所不同，但它們更不同於傳統作法。即使二十年過去了，這些對話過程至今仍觸動我們，使我們感到驚訝，讓我們很想知道當時在過程中究竟發生了什麼事。我們現在打算做的就是要找出答案，以了解對話精神的本質，並邀請讀者一起加入尋找。

　　首先，我們將略述我們與案主會面時用來促成對話的兩種不同作法。第一個場景展現的是開放式對話，第二個是期待／未來式對話。我們也會論及它們緣起的大致背景，也就是它們首次出現的場域以及發展對話作法的必要性。「社會需要對話作法」是本書將反覆論及的主題。

　　麗莎的雙胞胎弟弟週末時因企圖自殺而被送到家庭醫師那裡。星期一早晨，他的家庭醫師聯絡了一位當地心理健康門診中心的心理學家。他找來一組人員，由他自己、該門診中心的一位護士，以及醫院危機門診室的一位醫生和一位心理學家組成。小組當天做了家訪，當時麗莎跟父母親和雙胞胎弟弟，以及另一個弟弟都參加了這第一次會面。麗莎開始談自己的哲學想法，也說起自己在幻覺中看見一群長了牛頭的人。儘管小組頗感訝異──因為在他們印象中，他們是為麗莎的雙胞胎弟弟而來的──他們還是包容了這突然說起的故事，並開始與麗莎及其他家人談話。

母親告訴他們，這對雙胞胎都是家人擔心的對象，因為他們兩人事實上都患了嚴重的精神病。麗莎似乎是在一年前返家的，而兩個雙胞胎在之前四個月中都把自己孤立了起來。麗莎的精神病狀況曾持續了二十五個月；除家人之外，她似乎缺乏人際關係，可說幾乎沒有朋友。

由於雙胞胎的精神病問題極具挑戰性，小組和家人共同決定每天碰面。這發生於開始的兩天和最初兩個月中，大家總共會面了九次。由於家人從一開始就相當主動發言，會面的情景愈來愈帶有心理治療的性質。許多討論都集中在家人關係上，甚至過去的許多難堪經歷都被端上了檯面。小組成員之間也開始就所聽來的事情當場討論心得。

在第六次和第七次會面時，麗莎表達了她對父親的憤怒和恨意，因為父親在他們童年時的所作所為在她眼中是無法被接受的：父親不僅不尊重弟弟，還強迫對彈鋼琴毫不熱衷的她上鋼琴課。她似乎第一次能夠透過言詞來訴說她從父親那裡經歷到的難堪。

家醫在過程一開始時開了精神病抑制劑的處方，但麗莎在會面場合服用了五次後就決定停藥，因為——根據她的說法——「整個世界都變暗了，而且毫無動靜；我心裡一片空白。」個人心理治療在兩個月後開始，由危機小組中的心理學家負責。這是在小組提議並得到所有人的共識後做出的決定。

小組成員認為，在急性危機之後，有必要進行更有系統的心理治療。在這治療階段，麗莎的精神病仍然偶爾嚴重發作。六個月後，麗莎決定不再接受心理治療並從家中搬出，之後就失去聯絡。她在兩年後的追蹤訪談中說，自己在那段時間開始研讀

哲學，而且精神病症狀也消失了。她先前已決定要靠自己解決問題，因此中斷心理治療並從家中搬出。她也說那時她理解到與家人太過接近對她無益，因為那很容易引發爭執；她最好跟父母不要有太多接觸。在中斷心理治療後，約有半年時間她不斷有妄想狀況，但從那之後，這些症狀就沒再發生過。在五年追蹤訪談中，她說她已暫停哲學研究、已當了三年的全職清潔工、已婚並且和丈夫打算生小孩。

　　上面的簡短故事是開放式對話治療具有成效的一個佐證——其成效不僅經過系統性追蹤的證實，也提供了研究所需的資料（Seikkula 等人，2002；2006；2011）。在這例子中，第一次會面在病人與家醫聯繫後的同一天就立刻成立。這代表的是：精神病治療系統得以迅速運用一個由地方心理健康門診中心和地方精神病醫院人員共同組成的危機解決小組。最緊密的人際關係在第一次會面時就建立了起來，而且所有參與者——雖然家長隨後失去了強烈動機——都持續參與到最後一次會面。第一天與家人會面的小組持續負責整個治療過程，並彈性地選擇最適合病人和家人的治療方式。相同的小組可以確保整體過程——包括從家庭諮商轉至個別心理治療的過程——所需的心理延續性。在麗莎於妄想中發言或表達對父親的恨意時，這過程容忍了這些不確定狀況。對話在過程中的許多關鍵階段都得以發生並持續進行。這在第一次會面時就極為明顯：當時小組的目的不在做出精神病診斷，而在創造對話，讓家人可以用自己的話把問題講出來。在九次諮商的幾個連續晤談中，小組成員彼此交換心得，而家人在旁聆聽。

　　精神病治療中的開放式對話首先出現於芬蘭西拉普蘭省

（West Lapland），一直以來被認為重大改變了精神病治療系統的
結構，也被認為是了解心理危機的一個重要新法。針對治療過程
和治療結果所做的系統性科學研究建立了這開放性的對話形式。
這樣的研究探討了急性精神病、重度憂鬱症、以及治療系統之結
構等問題；其研究發現與傳統精神病治療的研究發現——大部分
從傳統實證研究的設計（empirical research designs）中取得——
相當不同。至少這樣的研究產生了令人鼓舞的效果；我們會在第
十章再詳述它們。我們在這裡先要談論一下：在發展開放式對話
之當時，研究和實際工作之相互關係所面臨的挑戰。我們特別要
指出：為了對開放式對話做出適當研究，人們在當時不得不發展
出合用的研究方法，因為合用的設計和方法在當時根本不存在，
以致沒有任何已搭配好的模式可供選擇。心理健康的研究在當時
——如今亦然——都是在實驗室一類的環境中量測單一方法（或
投藥方式）對單一症狀（或其他受測之行為）所產生的效果。實
證的臨床試驗時時宣稱單方作為所具有的效果，但人生現象遠較
複雜多了，以致我們在多方對話之效果的研究中就發現那些宣稱
經常前後矛盾。因此，在推動對話之際，由於認知到開放式對話
的參與者莫不在對應關係中具備全面和具體的人性，研究者勢必
會發展出新的研究方法。

　　西方世界幾十年來都對實驗室這類環境中的實證研究深信
不疑，也極重視把現象從其環境抽離的方法。精神病醫療的心理
健康研究於此當然也不例外。這是因為自第一支抗精神病藥物在
1950 年代出品以來，製藥界在神經生物學的研究上不斷投以鉅
資，不僅為精神病，也為憂鬱症、焦慮症、嗑藥問題和其他許多
失常問題研發出了各種新藥。這樣的研究必需具備一種思維，視

一切心理疾病僅與大腦功能有關，而這思維又為採用化學藥物為首選治療法找到合理的辯解。專業人士在其所屬領域也接受到專門訓練，學會如何做出適當而精確的診斷，以決定首選藥物。其他以心理干預為主的治療形式只是藥物之外的輔助而已。除了強調用藥之外，這領域顯然也出現了各自為政的現象。為專門問題設立的專門診所根據最佳指導方針選擇專門的診斷方式和隨後的治療方法。精神病醫療的大部分研究則以支援據此調整方向的實際醫療為目的。這更使「人」在專業者眼中不具有完整人性、但成了治療方法的施用對象而已，而減輕症狀才是治療方法真正的關注點。如羅伯特・惠特克（Robert Whitaker）在他著名的分析《剖析一種流行病》（*Anatomy of an Epidemic*，2010）中所說，這種作法正帶大家走向死胡同：最早期之抗精神病藥物研究所許下的偉大承諾事實上從未實現過，反而出現了更深層的問題。以症狀為取向、缺乏全面考量的抗精神病藥物治療法甚至危害到了它打算醫治的大腦功能（Whitaker，2010；Hoo 等人，2011）。

「現在全然不同了」

當我們與身為完整個人的案主相遇時，對話方式帶來了非常不同的可能性。無疑的，以相互關係為主的治療法一直以來都讓求助者和治療者感到迷惑，因為對話的療癒力量既讓人驚訝，也讓人無法解釋。重大改變似乎都發生於對話過程——也就是不藉干預策略來改變他人的過程——展開之後。這本書就是要探討這類奇特事件的本質為何。有個十二歲女孩被診斷患了注意力不足過動症；在某次家庭治療的晤談中，她的家人在不解中說起他們

過去已參加過好幾次家庭治療，因為問題從小孩第一次入學開始就已經存在了六年之久。出席的家人經過六個月的晤談後在這次討論中提到他們對這個採納對話作法的小組有些感想。小孩的父親說：

> 「所有以前的家庭治療師都試圖改變我和內人對待女兒的方式。和你們做這些討論時就非常不一樣；你們沒有想改變我們，而是聽我們大家說。我也已開始聽我女兒說話，這是我以前沒做過的事。」

一個精神病第二次發作的四十六歲女人在家中跟一個把開放式對話納入精神病治療的小組會面。在某次由她、她丈夫和小組（其中有精神科主治醫師和一個護士）共同參與的諮商過程中，她說到：

> 「這跟我一年前的第一次發病時很不一樣。那時我們——我的家人——所見到的醫生最關心的就是向我家人打聽我到底發瘋到了什麼程度，好像我根本不在場。現在全然不同了，我在場而且受到尊重。我特別喜歡聽醫生跟我丈夫對話，並體會到丈夫多麼尊重我。」

她在一年前被送入傳統精神病房後，醫院安排了一次家庭會談，但會談的首要目的顯然是要做出正確診斷，而且醫生在提出問題時也只意在蒐集診斷所需的資料，這使病人感到十分難堪（「好像我根本不在場」）。但她在新治療法的這場諮商中卻有

了非常不同的感受。

　　有對結婚三十年的夫妻在爭吵時偶爾會遇到丈夫動粗的狀況。某天怒氣沖天的丈夫在家一把抓住妻子的手，十二個小時後他們就被安排去參加了一場諮商。這事件發生之前，他們有將近一年時間過著兩人都覺得還不錯的平靜生活。如今妻子非常絕望，希望獲得建議，好知道自己該如何向前行。諮商過程開始充滿了多半來自妻子的強烈情緒。她說這是最後一根稻草；如果治療師無法提供有用建議的話，她會放棄努力而冀望分居。在此之前，會談過程都還稱得上順利，但由於妻子要求獲得建議以解決問題，會談最終不歡而散，因為治療師不提出建議。

　　一星期後治療師與這對夫妻再次見面時，他們說他們的家庭生活現在已經完全不一樣了。在上次諮商後，他們跟成年子女見了面，第一次一起討論這問題。討論後，妻子說：

　　　「我發現我愛他，雖然他有很多缺點。」

　　對話時的發聲者不只一人。盡量避用自己專業所信任的控制手段似乎就是構成對話性的主要途徑。我們較早提到一位四十六歲婦人和她丈夫的案例。她的主治醫師在回想當時狀況時就道出了這一點：

　　　「我一直無法立判情況；我知道有事情發生了，但說不出是什麼事。」

　　忍受不明情況對醫生來講是很大的挑戰——對任何受過專業

訓練而自認掌控計畫與過程並握有一切控制工具的人來講都是如此。但一個重視對話的專家會不再試圖控制計畫的進行，反而想讓自己成為共同參與過程的一分子——這過程是一刻接一刻發生的，專家不會去操控其間所發生的狀況，也不會用自己的方法去干預和推動過程的進行。

　　對話式會談中的參與者都會獲得新知或新的經驗。治療者不再主導會談的進行，而是順著案主的陳述來行事。如同下述所顯示的，這實際上也發生在治療工作以外的情境中。

聽學童說話

　　2012 年二月時，湯姆在義大利一所學校中遇見了一件讓他感動且受到啟發的事情。學校老師理應主持發生於校內的事情，但在布雷西亞第二綜合學校，有一群核心教師卻照著學生說的話來教學。他們並沒要學生去適應學程的「要求」和教師的「教導」，反而設法讓自己去適應學生。其中一個指導原則是：學生只有在感到安心適意時才會學到東西，因為任何人在害怕時都不可能學到什麼[1]。教師們並沒有急匆匆去教各科教材，而是問學生昨晚和週末做了些什麼，讓他們有時間和空間可以平靜談論自己的經驗。學生的發言將為進一步的討論提供重要主題——這些主題包括快樂、孤單、相聚、憂慮、尊重、他者等等。學校「功課」——閱讀、寫作和算數等的學習——則建立在這些主題上。每個上學日當中所發生的事也被用來當做討論人生話題的引子。煩擾之事會被拿來討論，而成為學習資源。對於原可能妨礙安心學習的錯誤答案，老師會在誠懇的回應中視之為有趣的假設：

「你為什麼這麼認為？」由於錯誤的答案沒有受到批評、更沒受到嘲笑、反而獲得關心和有趣的討論，學生因而放心地表達自己的想法。

在 1970 年代擔任教師的湯姆深受這種教學方式的吸引。這方式並沒有強行把教材灌入學生的經驗中，也沒或多或少忽略學生當下的心理狀態，而是用對話建立起有利的學習氛圍，並讓學習主題像植物一樣從這氛圍中生長出來。個人經驗和值得關注之事取代了由學程或教師所決定的重點，而成為人生觀之思索的起點以及知識和技能學習的參考點。音樂課中有一首以蝙蝠為主題的歌曲；學生討論著倒掛者所看到的世界有何不同以及不同觀點看到的世界又會如何不同，然後開始活潑地把這首歌輪唱出來。學生們的未來前景以及個人的學習風格具有明顯差異性，但這反而有助於創造令學生心安的學習氛圍。義大利的教育是整合式的，因此殘障兒童與身體健全者在同個地方一起學習，而且校內也有許多不以義大利文為母語的移民兒童。布雷西亞第二綜合學校視這種多元性為一種可用的資源──學校老師曾對湯姆說，他們的作法在義大利各學校中實際上還沒成為普遍趨勢。學生知道自己彼此不同，但他們同時願意分享並討論自己的經驗。一個智能和身體都有障礙的女孩在教室裡四處走動，但沒有人覺得受到干擾。他們知道她喜歡走動，而且他們也曾討論過她能做什麼、不能做什麼、喜歡什麼、不喜歡什麼。這繼而讓他們開始討

1　作者原註：學校的督導教授保羅・柏第凱利（Paolo Perticari）在不同著作中（如 Perticari 2008）有論及其他指導原則。

論那些說不出自己姓名的人有沒有能力了解自己，隨後他們更進一步討論「了解自己」究竟意指什麼。學童被要求用某種方式摺一張紙，寫下自己有能力做和沒有能力做、喜歡和不喜歡的事，當作美勞課和寫作課的練習，也用以採集可供進一步談論的個人資料。兒童是哲學家，有能力像成人一樣思考深刻的問題。成人如果嚴肅對待他們，他們也會嚴肅對待成人。但正如布雷西亞第二綜合學校的歡樂氣氛所展現的，學習過程不需要變成「嚴肅之事」。

即使緊急如火災的要事——如課程進度——發出警告，我們還是要尊重並聆聽每個人的感覺和想法，用以創造對話空間。如果目標夠長遠而不以教完一課為其終結，那麼就沒有必要去過度控制和主導各種狀況。老師、治療師或其他人無疑都負有重責（教課、治療等）；但如果他們用先行定下的目標來引導功課或一節治療的進行，那麼聆聽案主、學童、家長或其他相關者說話就自然會顯得十分冒險，因而使他們忍不住想用專業上的控制手段來管控和引導過程的進行，以致棄對話空間於不顧。

在有結構的會談中聆聽

如期待／未來式對話治療法所顯示的，對話性也能發生於有人主持、有結構的會談中。在這種會談中，聆聽案主說話也是使一切事情得以運轉的樞紐。

訪談十八個曾參加期待／未來式對話治療的家庭之後——有些家庭曾參加長達三年之久——湯姆和他的研究夥伴驚訝地發現，所有家庭成員甚至都能記得各節會談中的每件小事，例如誰

說了什麼、用了什麼口吻、交換了什麼眼色、氣氛如何發展等等。他們也清楚記得所訂的計畫（Kokko，2006）。雖然許多受訪者都認為這方法相當奇怪，甚至還有些人說會談中的「回想未來」最初讓他們覺得十分可笑，這些家庭成員仍然認為會談對他們十分有益。他們在回報中提到一件事情：他們原以為會談會從交相指責開始（因為他們以前與治療師的會談一向都如此），但這竟然不曾發生；相反的，沒人提到過去的任何不是。令家庭成員驚訝的另一件事是：沒人在會談中扮演主導者的角色；所有參與者，包括小孩在內，都享有說和聽的同等機會。對於兩位中立主持者用奇怪但公平的發問來引導會談的進行，受訪者都感到特別滿意。另一件讓他們感到驚訝的事是，一個具體可行的共同行動計畫竟然能經由會談產生——在經歷過許多機構提供的治療後，每個家庭都覺得這在他們長期的治療「生涯」中可說太不尋常了。

　　讓我們來看一個「期待／未來式對話」的例子。社福單位的社工「安娜」擔心自己在幫助某個孩子的母親時所做的努力沒什麼效果。母親「婷娜」想戒酒，而這次她看來可以戒得掉，但社工仍然沒有信心。婷娜從社福單位那裡獲有金錢支助，但安娜想進一步支持婷娜的進修計畫，讓她可以更具備進入勞力職場的能力。但社工主要擔心婷娜的酗酒極可能危害到小孩的福祉。之前，婷娜曾進修過幾次，但五分鐘熱度後都不了了之，這使安娜懷疑婷娜這次是否夠認真。人力單位的「珞塔」對此更表懷疑。我們之所以知道這一切，是因為安娜在「期待／未來式對話」會談一開始就把她的擔心說了出來。這也正是展開這類會談的方式——擔心者把大家召集起來，然後表達自己的憂慮並感謝參加者

前來減輕他／她的憂慮。

　　當然，召集一群人之前必須經過案主同意，而且只有案主希望出現的人才會獲得邀請。因此，社工安娜在會談之前就對案主婷娜（母親）表達了她的擔心並請求協助：我們可以參加一次「期待／未來式對話」嗎？她並把過程解釋了一遍。她告訴婷娜，具有兩組人際網的對話將有助於訂立共同行動所需的具體計畫，而這兩組人馬將分別是婷娜個人關係中的某些重要人物以及正在做家庭輔導的專業人士；他們都將是婷娜希望見到的參與者。另外會有兩個與案件無關的中立主持人；在主持會談時，他們會就較好的未來以及如何達到這樣的未來提出問題，並指定大家輪流發言與聆聽，使每個參與者都有聽與說的機會。他們所關注的是每個參與者將如何採取具體行動以減少擔心，而非婷娜的個人問題。婷娜同意參加這樣的會談，並說她會帶自己最要好的朋友「萊拉」一起參加。小孩的父親行蹤不明，因此不會受邀。婷娜也決定不把小孩帶過來。在專業人士那一方面，人力單位的珞塔以及藥癮診療中心的「琵雅」獲得邀請。於是，個人關係網將由婷娜和萊拉組成，而專業人士網將由安娜、洛塔和琵雅組成。

　　受邀者和兩位主持人抵達了會談地點。安娜在開場白中簡述自己的擔心並感謝參加者後，主持人解說了會談的結構，並開始引領會談。他們解釋說，所提的問題都將出自未來的觀點，並假設大家都已位在那個未來點上。大家都同意以一年為適當的時間範疇。一個主持人提出問題，另一個則在活動掛圖上公開做筆記，讓每個人都看得到。他們先問婷娜：「一年過去了，事情進行得還不錯；你怎麼看呢，婷娜？有什麼讓你感到特別高興的事？」其他人都聆聽婷娜的想法。她說，自從遠離酒瓶和參加人力單位主辦的進

修課程以來（這回是全部課程），她現在（一年後）正在找工作並已收到了幾封面試通知，而且她也給小孩找到了日間托兒所。主持人接著問：「你自己做了什麼，使這情形得以發生？誰又用什麼方法助了你一臂之力？」婷娜想了想，說自己這回曾下定決心不再半途而廢並立志要藉萊拉的協助來度過難關。「每當我想參加派對、不想寫作業時，我就打電話給萊拉，她就會過來勸阻我。我們會找到放鬆的方法，但不會棄進修於不顧，而且我們也一起戒了酒。」在婷娜的「回想」中，這一切似乎都已經發生了。「珞塔安排課程，社福單位的安娜則幫我找到小孩的日間托兒所。」主持人這時轉向友人萊拉，問她這一年是怎麼過來的、有什麼事讓她特別感到高興。萊拉從她的觀點說了一些類似婷娜所說的事情。當主持人問她扮演了什麼角色、誰又用什麼方法幫了她時，她更仔細敘述了兩人在對抗酗酒時如何互相支持的情況，並說她現在「想起來」：她們兩人開始一起去見藥癮診療中心的治療師琵雅，不像以前一樣分別前往。第二個主持人把婷娜和萊拉兩個人的說法一字不差地併寫在活動掛圖上。第一個主持人又回頭問母親婷娜：「你『一年前』擔心的事情是什麼？什麼使你不再那麼擔心了？」這問題是要讓婷娜用較輕鬆的未來角度來思索她現在的憂慮。她說她最大的憂慮是社工安娜不相信她會進步；另外，她如果再酗酒，安娜便會另行安置她的小孩。婷娜「一年前」也擔心人力單位的珞塔會拒絕她的進修申請；這壞消息會使她求助於酒精，而這會更促使安娜採取保護小孩的行動。主持人問她：「『現在一年過去了』，是什麼使你不再那麼擔心？」婷娜說珞塔畢竟還是相信了她，並給了她一個機會，而且她靠著萊拉的協助也設法努力向上。「我們一起到藥癮診療中心去。」她證實了萊拉約在十分鐘前「想起」而提出的一樁新

忙時，珞塔說自己加班協助婷娜訂定充實的計畫、支持婷娜的進
修申請，並且在婷娜上課期間留在辦公室，讓她隨時找得到她。
她還說，婷娜除了從藥癮診療中心獲得治療以及從朋友那裡得到
幫助外，社福單位擬出了一套可行的金錢支助計畫，也在重要關
頭幫助了她。在她「記憶」中，她「一年前」擔心的是婷娜不會
真心做出努力。她說，她「一年前」並不相信婷娜會比之前更認
真向學。主持人問：「是什麼讓你不再那麼擔心？」珞塔微笑著
回答：「是一年前的對談。」「何以如此？」主持人問。珞塔解
釋：「其他人在論及婷娜和她的計畫時的態度讓我感到她們信
任她。而且我也發現，比起我從簡短的辦公室約見所獲得的，其
他人有更多與她接觸和相處的機會。她們談論她時的口吻讓我發
現到這一點。」主持人最後向社工安娜提問題。她在「回顧」時
說，她特別感到高興的是，各人的努力在這順利的一年中終於匯
聚成了大家一致期待的成果。她現在可以預見，為小孩憂慮的理
由不會再存在了。她曾以兒童保護為理由而支持婷娜申請讓小孩
進入托兒所，婷娜也努力為小孩爭取到了名額。一年過去了，現
在婷娜的家庭已不必再受兒童保護令的約束，但無論如何小孩至
今還能留在托兒所，讓婷娜可以去找工作，這讓她非常高興。

　　會談的最後時間被用來整合計畫。公開筆記在此時很有幫
助：它讓每個人記得自己可以採取什麼行動來減輕擔心之事。未
來觀點現在被擱置於一旁；參加者不再從想像中的未來來看待現
在，而是從現在來看期待中的未來。現在的工作是要整合行動，
以設想一條途徑，其重心則在於馬上就該採取的步驟──下一步
該由誰來做什麼？該得到什麼人的幫助？主持人請社工安娜透過
與參加者的對話來積極擬出接下來的步驟。列有各人具體貢獻的

兒童／青年／家庭服務、老人服務，以及長期失業者服務。為何
會是這些服務項目？為何成效甚低？答案是：諸般問題的複雜性
超越了公共服務體系的能力所及，因為日常生活是全面性的，但
官僚制度卻被劃分為許多單位。如果你只有一個清楚的需要或問
題，由不同單位組成的體系會很快找出誰該處理那個問題。如果
你有兩個問題，你會成為兩個不同單位的服務對象；如果問題更
多，那麼你或你的家庭就會成為好幾個不同單位的服務對象。兒
童／青年／家庭、老人，以及長期失業者的問題是多方面的，可
是「筒倉體系」（silo-system）[2]卻依據它的工作劃分型態把全面
生活切割為幾個片面，以致最後必須跨界去整合被服務對象所需
的支援。雖然各自為政的體系擅於「處理單一問題」，但在跨界
解決問題上幾乎可說缺乏彈性，難以跨越溝通的鴻溝，並對於誰
對誰錯或發號施令的權力歸屬彼此相爭不下。這些因素往往把問
題「打磨」成了碎片，令服務對象不知如何整合服務項目，以致
許多人落入三不管地帶。「明日都市」網中的成員稱這些挑戰
為「難纏的問題」（wicked issues）[3]。如果他們也曾把處理心理
健康的專家邀請進來，他們必然也會把心理領域納入「難纏的

2　譯註：亦稱「煙囪體系」（stovepipe system），原指資訊產業中不與其他相
　　關系統相容或分享數據的數據系統。

3　作者原註：豪斯特・李特爾（Horst Rittel）在 1972 年提到：有些問題複雜
　　到連一個有智慧、有知識的人都為之困惑不已。李特爾稱之為「難纏的問
　　題」，以對應於「溫馴的問題」。「難纏的問題」很難有明確定義，只能根
　　據參與者的說法獲得一些定義。人只有在問題解決後並回顧時才能了解問題
　　所在，而且所用的解決方法也並非是唯一的正確方法，只不過夠好而已。夠
　　不夠好則由社會情境和事件的發展來決定。如果問題事先就有明確定義，而
　　且也有現成的正確解答和解決方法，它就是「溫馴的問題」。

問題」。有些行政主管寄希望於「新公共行政管理模式」（New Public Management；NPM）[4]，但許多人對此模式藉市場機制以整合服務項目時所許下的承諾感到失望；他們認為 NPM 依然間隔化了相關單位，並令問題變得更加複雜而難以釐清。

　　沒有任何簡單的方法可以解決難纏的問題，但可以斷言的是：社工、健保、心理健康、教育、再就業或身心重建、人力訓練、長者照顧、以及其他各種服務必須被整合起來，以便更符合民眾日常生活的全面需要，而不致把日常生活強置於官僚體系的分門別類之下。根據生活實情以整合支援時，我們勢必要跨過或公或私或屬於第三類的部門、機關，以及專家之間的界線。大家都已確實認知到跨越界線的必要性；組織再造以及跨領域專業機構和跨領域會議紛紛出現，適足證明這一點。但是，案主或服務對象、其家人和朋友，以及其他對個人而言最具意義的人物和最重要的支持者——他們在哪裡？我們也有必要跨過專業人士和「常人」之間的界線，以便促成資源的最佳組合。同時，各方資源的搭建和組合也必須以日常生活——而非專業手段——為重心和平台。

　　由於日常生活有必要成為組合各方資源時的重心和指引，因此對話也成了必要。在試圖跨界合作時，指使他人如何思考和行動絕非上策，但仍然時時發生。有時，專業人士會彼此結盟，然後一起試著去指導案主和家庭該如何過日子。結果我們見到「難纏的問題」硬是不肯向策略性做法屈服，也見到困難全被怪罪到「問題多多的案主／家庭」的身上。

　　對話可被稱為「跨界合作的藝術」。在相關各方想增進彼此了解、創造相通的語言、組合資源而互相傾聽之際，是不會有人

想要控制別人的。具有上下轄屬關係的單位也需要跨過彼此的界線。行政主管和管理者不能單靠遙控來成事；如要更了解活動所遇到的挑戰和所具有的潛力，他們必須跟前線人員和中階管理者對話，並傾聽案主的聲音。他們需要面對難纏的問題，而非想急忙地「馴服」問題。

婷娜及其朋友萊拉晤見一組專業人士的小故事就示範了整合資源要從案主身上做起。大家必須面對面彼此傾聽；有些事——也就是發生於人與人之間的事——是零散的筒倉式做法無法觸及的。不過，讀者可能曾注意到，被組合起來的各方資源並非不可預見：朋友的協助、人力單位提供的進修課程、社福單位可能提供的財力支助、再就業時多個小組的參與等等。但如何讓這些資源得以連結到日常生活並以之為重心？「對話性」在這挑戰中就扮演了無比重要的角色。此外，在彼此尊重中產生的對話——案主和其他人在其中都覺得別人聽見了自己所說的話——會在所有參加者身上帶來深刻且動人的整合效應。

麗莎的治療過程——我們在本章一開始曾略述過——顯示出相關者之間的對話具有重大意義，也顯示出個人心理治療等多個項目可如何被置入有益的資源組合中。構成整體的每一個項目也許不會經歷戲劇性轉變，但它們全會增添新的意義。

管理階層應該做的是讓橫向或直向的跨界合作具有最大彈性。這並不會要求組織做出巨大的——更不用說再三的——改革。然而，為了掌握難纏的問題，我們還是必須處置某些關鍵事

4　譯註：指公家機構採用私人企業的經營管理模式，其管理階層被稱為「公務經理」（public managers），洽公或尋求服務的民眾則被視為顧客。

項。筒倉體系有其優點；創造對話的工作文化不僅可以、也有必要建立在這種體系最具功能的面向上。但是，橫向的各自為政或直向的各有所長都不會自動創造整合和跨界合作。整合和合作只會在決心採取行動時發生；建立資源網以及跨界合作必須經過人的作為才有可能發生並持久進行。我們曾參加過不少解決問題的過程，在其中看到對話文化甚至出現於市政層級上，卻從未見到組織有必要做出任何重大變革（詳見第九章）。

湯姆在布雷西亞第二綜合學校訪問時，學校老師對於不久的未來會發生什麼事都感到惶然，因為任職很久的女校長即將退休了，而市政府卻還未指派繼任人選。繼任者會支持對話式教學嗎？學校缺乏額外資源，其組織架構也無與眾不同的特別之處。所不同的是教師們看待自己的職責和主要任務的方式，以及他們如何把這看法實踐出來。與保羅‧柏第凱利（Paolo Perticari）教授對談時，他們記錄並省思自己的工作，並在過程中互相幫忙。他們學到的功課是：對話工作並不會造成重大的組織變革或要求大家去尋找無法想像的資源；對話工作最重要的要求，是要人在不同的觀點之間建立相應互助的聯繫。

本書主要討論對話的核心元素：是什麼使對話具有對話性？在對話的工作文化中，什麼因素可使對話工作落地生根而具有持久性？在下一章，我們將思索堪慮情境之對話性所遇到的挑戰，藉以探討這些核心元素。憂慮發生時，人很容易試圖採取策略去改變他人。因此，我們是否可以檢視一下不利於對話性的各種情境、藉以探究對話性的核心？

【第二章】 擔憂及早期對話

　　我們在下面將討論「早期干預」（也就是開始面對所擔心之事）中的一個對話實例。「早期干預」聽來頗有喜歡干涉、不喜對話的意味，但我們在此還是不要咬文嚼字吧。我們將會在第九章回頭談「早期開放式合作」中的對話文化[1]，現在則僅提出一個簡單但觸及人際關係之核心的作法。我們的目標是雙重的：一方面讓讀者獲知當下即可應用於家中及工作場合的方法，另一方面則要介紹我們對於「對話性」的一些基本想法——這些想法也將會在書中獲得進一步的闡述。

　　我們將檢視擔憂發生的情境，因為這些情境多少考驗了對

1　作者原註：「早期干預」源自小兒科醫學和特殊教育。只要在搜尋引擎鍵入「早期干預」（early intervention）這幾個字，維基百科就會讓你看到「童年早期干預」（early childhood intervention）這個標題，其下文字寫道：「童年早期干預是一套支持系統，所支持者是身心發展遲緩或有發展障礙的兒童及其家人。童年早期干預的使命在於為零至三歲、被診斷患有發展遲緩或障礙問題、或被預測極具重大遲障風險之兒童的家人提供保證，使之確信自己能獲得所需的資源與支持。這些資源與支持在協助兒童發展其最大潛力的同時會尊重家庭與社區的多元性。」以這種使命感為出發點的政策有必要研擬出一套標準與工具，用以評估所針對之個人或一群人面對的是何種風險。這類政策有其優點，但也可能導致某些使當事人感到受辱及難堪的做法。我們在本書中討論的對話文化則出自下面的動機：如果你有憂慮，那麼就採取行動去處置所憂慮之事並創造對話。

話的可能性。在無需擔憂的情況下，對話很容易展開，因為對話關係對人類來講再自然不過，是人一出生就進入的一種關係（我們將在第八章詳論這一點）。但令人訝異的是，我們也很容易失去對話立場。憂心使我們很容易為策略、而非為對話關係開啟大門，原因是我們太想避開自己預期中所不樂見的後果，或甚至忍不住想抄捷徑去控制（或重新控制）情況。

早期干預是符合常理的行動：你越早打斷你不樂見的過程，你的成功機率就會越高。你越晚採取行動，就越會發現自己在許多地方不得其門而入。但為何人們一般都不提早行動，或至少較常提早行動？為何他們需要一再被提醒早期干預的必要性？這情形很可能也跟擔憂有關。人們在處理困難問題時會預期不樂見的後果並預見不愉快的回應，致使他們猶豫不前。而且，如果問題無法自行解決的話，憂慮就會驅之不去，甚至變得更加嚴重。最後，難題所引起的憂慮會爆發開來，而且也頗可能引發所預期的不愉快回應。多採取對話途徑才會於事有補。

你曾因有人為你擔憂而覺得受傷嗎？

首先，我們想請讀者回想一下過去的經驗。可曾有人或你的親人在為你擔憂時，他們的方式讓你覺得受傷？例如，你去學校討論自己小孩的問題時，你是否覺得別人似認為你不是適任的家長而貶低你？或者，你去見治療師、社工、家醫或其他專業協助者時，你覺得身為案主的自己只能聽別人說話、卻沒人聽你說？或者，當你以專業人士（或非專業人士）的身分開始單方面處理所擔心之問題時，你雖用意良善，相關的對象卻認為你在指責

他？

對話關係雖是最自然之事，但當憂慮的陰影出現在地平線上時，這種關係便會面臨風險。我們都能了解控制不確定狀況確有其必要性，因為事實上這會牽涉到問題是否能夠解決。然而，試圖控制別人的想法和行為卻會導致偏重策略的人際關係。對話性需要對話空間，但對話空間會因有人動輒想要規勸他人而大大縮減。你是否碰過某個朋友或專業人士，他或她非常相信自己對情況的看法而不肯用耳朵傾聽、卻滿嘴有說不完的建議？你是否覺得房間裡的空氣變得越來越稀薄？對話空間就這樣被策略性定位（strategic positioning）所取代：你是比較無能／缺乏資源／無助的那個人，而他或她則是資源和真理的擁有者。

莎圖‧安提凱能（Satu Antikainen）是位有經驗的日間托兒所保母。她在反省過去的堪慮情境時問：我們當時可以換用別的方式來做努力嗎？[2]

　　「約卡兩歲時來到我們的托兒所。他花了很久時間和他母親道別，大大考驗了工作人員的耐心。約卡黏在母親身上，不肯和其他小朋友打成一片。我們覺得他母親不願把小孩留在托兒所內，並覺得她不信任我們。

　　約卡再長大些後，他的問題越來越多。他捨不得跟母親道別，一整天都在找媽媽。約卡不跟其他男孩一起玩，很害羞，而且動作遲緩。約卡從不顧及他人，而

2　作者原註：下面由莎圖‧安提凱能敘述的兩個故事出自一本有關早期對話的手冊（Eriksson & Arnkil，2009）。

且不懂得排隊，因而別的小孩常抱怨他插隊。有天我們請他母親過來討論這情形，把約卡的問題告訴了她，並提議大家一起跟一位托兒所之外的專家暨幼稚園老師會談。約卡的母親不認為大家有必要會談，並相信一切都沒問題。

約卡將開始上幼稚園，但他的行為依然如故。他整天哭著想媽媽，在動作能力和行為表現（排隊和顧及他人）這些方面毫無進步可言。工作人員覺得必須立刻進行早期干預，否則他將在入幼稚園後遇到嚴重問題。我們認為邀請約卡的母親再次見面已是絕對必要之事，然而我們不確定要怎樣進行討論。約卡的母親之前拒絕了大家一起會談的提議，並且無視約卡有問題的事實。我們覺得約卡的母親既不坦率、又迴避問題。

我們決定邀請約卡的母親見面。我們對她講明了約卡的問題，並建議她聯絡家庭輔導中心。我們說，我們認為家庭輔導中心可以為約卡的問題提供最好的解決方法，這樣約卡才能在入學前獲得充分的協助。聽完我們想說的話之後，約卡的母親說她之前已考慮不再讓約卡上日間托兒所。這話在我們聽來無疑是最壞的選擇。為了打動約卡的母親，我們告訴她問題有多嚴重，尤其考慮到約卡下個秋天就要上幼稚園了。她再次聽完我們要說的話，然後承諾會徹底想一想。兩天後，她打電話來，通知我們約卡不會再上托兒所了。她說，雖然日間托兒所的專家提供她不少建議，她還是決定要這麼做。」

莎圖・安提凱能敘述了另一種產生不同結果的方式：

「麗莎從家庭托兒所轉到我們的日間托兒中心；
她同時也正在接受語言發展遲緩和問題行為這兩項問題
的矯正。進入仲秋時，麗莎開始適應了日間托兒所，但
她的行為依然教人難以接受，而且她的情緒極不穩定。
日間托兒所的工作人員不相信她們可以和麗莎的母親合
作。這情形很棘手：一方面麗莎的行為讓人擔心，但另
一方面麗莎的母親在托兒所表現的不一致行為讓人摸不
著頭腦。我們能用什麼方法鼓勵這位母親跟我們合作？

由於非常擔心麗莎，我們不得不設想如何用最好的
方法來跟麗莎的母親討論問題。然而我們沒有立刻進行
這討論，因為我們怕麗莎的母親會很生氣。而且，由於
有太多問題需要處理，我們覺得麗莎的母親在第一次討
論時很可能無法承擔一切。因此我們決定逐步來面對問
題，並在第一次討論時只提麗莎的情緒問題。我們也決
定用實例來說明麗莎不穩的情緒如何影響了她的行為。
我們另決定問母親：她怎樣應付生活上的一般問題以及
她怎樣應付麗莎的個別問題？我們決定用坦誠的態度把
我們的擔憂說出來。我們也仔細設想有哪些提供給麗莎
的支援形式是她母親可以接受的。我們還主動用正面眼
光看待麗莎和她母親之間的狀況。一旦承認每個人都擁
有優點和資源，我們就變得較為樂觀，而這對開始面對
問題非常有幫助。

　　我們在麗莎母親的同意下舉行了會談。讓我們驚訝的是，麗莎的母親非常坦白；她說她也一直為麗莎擔心，並解釋了她自己所面對的生活難題。她接受了我們為麗莎設計的支持步驟。此外，她也主動提議她應更常與麗莎相處——當場氣氛非常具有建設性。當時我們雖然並沒有討論所有問題，但我們覺得那是良好合作關係的開端。」

　　面對所擔憂之事時，我們會把對話精神的某些基本元素——或這些元素闕如的狀況——帶到視野之內。當一切安然無事時，我們會很樂於回應別人，也很容易尊重他人。但當我們預期事情正朝不愉快、甚至危險的狀況發展時，我們會想改變事情進行的方向——這就是對話精神格外面臨風險的時刻。試圖掌控正在失控的情況是負責任的表現（至少沒有閉著眼睛漠視事實），但試圖掌控別人的想法和行為會使我們聽不見所有重要的聲音，因而前進的路也變窄了。

預期接下來會發生在我身上的事

　　擔憂之所以發生是因我們預期不好的事情將會出現——我們有誰不是預期的高手？心靈總在調整方位；預期別人如何回應我們的行動即意謂我們時時都在操作心靈「雷達」——雖然我們通常對此一無所覺。預見自己的所作所為會導致什麼結果對人類來講重要非常，因此這樣的「猜測」無時不在發生。然而，人際關係頗為複雜；連一對一的關係都如此，更何況多人參與的關係。

再說，任何一種關係都會與別的關係連結起來，因此很顯然的，我們不僅會遇到有意造成的結果，也會遇到無意間出現的。每個情況都是這兩種結果的混合體，而每個情況又將成為新行動的起點，然後這些行動又會導致有意和無意造成的結果。根據俄國心理學家蓋柏林的說法（P. J. Gal'perin，1969），人類心靈的一個基本職責就是在自己的活動場域內調整方位，而人會運用已擁有的一切認知、情感和道德資源去「觸探」各種情況。

在觀察世界時，我們見到的只是自己未來的活動場域；正是基於這原因——也就是出自我們的主體性——我們才能賦意義於世界。但萬事萬物並非全都具有意義：我們在觀察事物時總會帶著選擇性的眼光，重要事物會凸顯出來並吸引我們的注意，或如吉卜生（James Gibson）所說的，成為我們活動所賴的「潛能引動者」（affordances）[3]。身為專業人士的你（我們的讀者）在擔心自己的案主／病人／學生／家長時，你同時也關注了自己的未來活動場域——換句話說，你同時擔心自己是否將有能力幫助他人（也就是你能否在專業上有出色的表現），並非只擔心你所觀察的「對象」（object）而已。如果你教的學生成績很差，你會為孩子擔心，但你也會擔心自己身為師長的可能表現。如果一個處於

3　譯註：美國認知心理學家詹姆斯・吉卜生（1904-1979）在其 1977 年論文 "The Theory of Affordances" 中創造了「affordance」一字，並於 1979 年出書 *The Ecological Approach to Visual Perception* 以詳論其概念。在吉卜生的定義中，「affordance」指生命體的「活動潛力」，是由外物與環境所暗示、提供與啟發。生命體用現有能力去操作外物或環境時會進而為自己發展出新的能力並開拓出新的活動場域。

危機狀況的病人在你的治療下並未轉好，你不只擔心病人，還會擔心身為心理治療師的自己。與專業情境無關的人際關係也是如此：在擔心家人或朋友的時候，你也擔心在那關係中的自己，而這一切擔心都建立在預期心理上。「如果我什麼也不做、或如果我做這做那，那麼情況會有多糟、會發生什麼事？」預期心理都是主觀的；個人會「觸探」自己人際關係內其他人的想法：我會獲得什麼樣的回應？

米夏‧巴赫金指出我們會預期別人對我們所說之話的回應（Bakhtin，1986）。更確切地說，我們所說的話也在回應別人所說的話，而我們的回應又會因我們預期別人將如何回應這回應而形成——於此同時，我們的回應又引發了他人的回應。我們所做的每一件事都「包括」了我們對他人的想法。莎圖‧安提凱能在敘述兩種面對憂慮的途徑時展示了兩種引發完全不同回應的作法。且讓我們更詳細檢視一下造成其差別的因素何在。

在約卡的母親和麗莎的母親這兩個案子中，莎圖和她的同事都預期了可能的回應（她們怎可能無所預期？），可見差別並不在於預期之有無。此外，在兩個案子中，莎圖和她的同事都盡最大努力以預期有利的回應，也就是竭力引進她們所期望的結果，因此主要差別也與此無關。這兩個途徑及其引發的回應之所以有差是因為兩個途徑展現了相異的「與他者之關係」。哲學家伊曼紐爾‧列維納斯曾強調不對稱關係（asymmetric relationships）是使對話成為必要與可能的原因（Lévinas，1969／2004）。個人永遠無法全然理解他者。在第一個案子中，日間托兒所的工作人員希望母親聽她們的；在第二個案子中，她們想要傾聽並邀請對話。

我們在本章開始時問過讀者：你曾否碰過一個情況，其中某

個朋友或專家在提供建議時十分確信自己的看法和立場？不承認自己永遠無法完全理解他者，繼而不在乎他者獨特的他異性——這必然會導致對話空間的減縮，並使室內充滿了專家的想法。

根據米夏・巴赫金的看法（Bakhtin，1981），權威言談（authoritative discourse）命令他人對之認可並接納為自己的想法。權威言談的內容有限，其想法不是共同商議出來的。因此，如果我一昧要求別人擁抱並接納我的想法，與我不同的看法和觀點便會成為必須被移除的障礙。這做法最核心的問題乃在於它自然而然地（並非有預謀地）斷定：眾人實際上都具有相同看法和想法，因此他異性能夠被同質性所取代——我也許需要費點口舌來說服別人，甚至要施加壓力，但最終他者會用應當的方式（也就是我的方式）來理解事情和採取行動。相反的，對話性言談（dialogical discourse）則具開放性而邀請大家共同思考問題。它不認為眾人是相同或可以變為相同的；使對話成為可能和必要的就是他者所具有之根本與永恆的外異性（foreignness）。他者是另一個跟我一樣存在的我，但是個不同的我，是我不可能全然理解的某種存在——而他也一樣不可能全然理解我。

米夏・巴赫金問：「如果我跟他者合一、而非分別為二，事件怎會有可能具有豐富意義？」（1990，頁 87）。「而且，如果別人與我合一，我自己又會得到什麼好處？他這麼做的話，他所看見和所認識的不會多於我所看見和所認識的自己。他只會在自己身上複製一個缺乏變化的存有，而變化應是我生命的特色才對。寧可讓他與我處於不一樣的位置，因為在那位置上的他才能見到和認識我自己從我的位置所見不到和無從認識的我，而且也才能使我的生命事件具有更豐富的意義。」

　　擔憂發生的時候，我們很容易失守立場而試圖自行控制局面，同時不相信當下或未來會有數目跟觀者人數成正比的許多觀點存在[4]。我們很可能在不知不覺中開始擺出策略者的姿勢，開始不相信人們生來就具有基本他異性——於此之時，我們當然不會從對話知識論的基礎來思考這差異性[5]。我們只想控制局面，使其不致失控，並希望別人也能了解狀況而採取行動。莎圖‧安提凱能就曾誠心誠意地把這試行在約卡母親的身上，但後者的回應非常不同於她所期望的，雖然也說不上與之完全相反。她在麗莎母親的身上採用了另一種方式，也就是邀對方成為對話夥伴，而未視他者為專家所建議之事的接納者。

　　為什麼人們對早期干預始終抱著猶豫的態度，即使大家都知道在事情惡化前採取行動有許多好處？其原因至少有一部分是跟大家預期提出難題會引起不快的回應有關。這稱得上是一個充分理由，但我們也想說：一切預期都會受到計畫中之行動的影響。如果我們採行了不一樣的作法，預期也應會隨之改變。讓我們來瞧一瞧下面這鼓勵對話精神的行動；讀完後我們再親身試行一下它的作法。

請求幫助以導入對話

　　心靈不斷在預期事情，不僅在工作場合中和上班時間內如此，而且也無時無刻發生於我們參與的每件事當中。下例凸顯出案主（或家長）與專業人士打交道的情形。對話精神在日常生活中的所有人際往來——夫妻、朋友、鄰居等等——都會遇到相同的挑戰。

如果人想改變的是自己、而非他人，那會有什麼樣的結果？更確切地說，如果在共同參與的活動中，人試圖改變自己的作為以引起改變，那會如何？如果我改變自己的作為，與他人的關係或許就會出現某種良好的轉變。我無法直接控制我與他人的關係，但至少我可以盡力來促成一起思考和共同行動，然後看看結果如何。一起演進和改變──或說，關係中的某種改變會影響到雙方或所有關係人──才是目標所在，而非單方的改變。

湯姆和他的同事愛莎・艾立克森（Esa Eriksson）於 1990 年代早期在芬蘭研擬一套計畫時碰到了挑戰。這兩位輔導兒童、青少年和家庭的專業人士希望能在正出現的憂慮惡化之前知道如何更妥善處理問題。他們缺乏「早期干預」的工具，尤其當學童或托兒所幼兒的問題似乎都與家庭問題相關的時候。在教師和托兒所工作人員的描述中，他們覺得孩子的躁動、羞怯等行為都與家長的生活模式有關，舉如嗑藥、家暴及其他問題。在這兩位專業人士遲遲不敢處理這些憂慮的那段期間，憂慮愈來愈擴大。社工、心理治療師、尤其藥癮診療中心的工作人員（常被稱為「憂

4　作者原註：一個觀點總會有個觀看位置。在這世上，沒有兩個人──更不用說更多人──會站在完全相同的位置上。每個人在他的人際關係中都佔有一個特殊位置；連同卵雙胞胎都彼此有相對關係。法國社會學家皮耶・布赫迪厄（Pierre Bourdieu，1930-2002）寫說（1998）：每個行為人在社會空間中都佔有一個位置，而那位置便是他凝視所賴的基地、是他展望前景的地點，而那前景的形式和內容乃決於這人所處的客觀位置（objective position）。這話基本上即指：每個人生來就具有、且不得不具有主觀性；這就是最難搖撼的一個客觀事實。

5　譯註：指巴赫金的對話知識論（dialogic epistemology）。

心專家」）——這些專業人士一向都獲有較明確的指令，知道必須及早處理這類事情。但他們也可能在所做之觀察還無定論的階段不敢把憂慮提出來。參與這項計畫的專業人士都說，他們不敢提起自己所擔憂的事情，是因為怕得罪家長或案主，怕表達憂慮後反使問題實際倒退一步，也怕家長不僅會否認問題的存在、也會否認專家們有資格和權利來做出評斷。由於教師及其他人試著保護自己與家長的關係而避免提起憂慮，憂慮就愈發沉重起來，而當憂慮愈趨沉重時，雙方關係也變得更為尷尬。「你做也該死，不做也該死！」如此一來，小孩始終無法脫離愈來愈複雜的問題情境。

由於你預期令人不快的後果會因你提起心中想到的那些壞發展而出現，你便開始猶豫起來，而你的猶豫也真的導致了令人不快的後果。這種困境不只發生於專業關係中，而且也相當常見於日常生活中。有時，擔憂者再也按捺不住而衝口說出自己的焦慮，致使問題很有可能變得更為嚴重，似乎證明了最初的悲觀預期是有正當理由的。抄捷徑去控制狀況只會使單方認知發揮作用；不重視他者的他異性，你就會傷害對方。提供善意的勸告或用暗示發出批評、藉以掩飾單方面的控制企圖，這鮮少能騙過對方的。口吻、神色、手勢、以及其他的「非言語訊息」會洩露你的真意。雖然言語溫和，你所傳的訊息卻是：「聽我說，你需要改變。」

湯姆和愛莎開始配合專業人士，來為後者研擬一套處理問題的工具，好讓他們能夠擺脫猶豫，並能找到不冒犯家長的做事方式，以便在預期正面回應之時有勇氣提出所擔心之事，而不致讓

憂慮蔓延。其關鍵便在於態度的一百八十度轉彎：與其告訴家長說他們有問題（即反映於小孩之行為或造成那行為的問題），專業人士會述說自己的問題：「我試過 X 和 Y 兩種方法，想幫助你的小孩（我很欣賞他某些特點）。但我還是很擔心；請幫助我，讓我不再這麼擔心。」這裡的重點是：人要試著改變他或她唯一能夠直接改變的事情，也就是自己的行動，而且在這麼做的時候要以增加對話和合作的可能性為目標。要找到達成目標的方法，人必須先試想一些狀況並利用感覺來驗證其可行性：如果我這麼說或這麼做，他者會有什麼感覺？我會引起什麼樣的回應？這作法非常簡單，因為我們隨時都在預期和引發別人的回應，無需為這基本的人類行為訂下計畫或接受訓練。但特意用他人的觀點來看自己的行動並試圖感受他人的感覺，這種預期方法確會比一般預期更需要我們用心用力。而且這還牽涉到下面的認知：我不應盲目認定他者能把我的想法轉變成他／她自己的；相反的，我應試圖改變自己的言語和作為，以便與他者的所見連結起來。由於我無法知道他者對我及對情況的看法，而且我也無從控制情況，我只能盡力促成對話。請求他人幫忙和合作會比告訴他人應如何看待情況並據以採取行動更能開啟對話空間。

在這單純的反思式預期行為中，我們認知到：他人在打量我的時候都是站在他們獨特的生命位置上，而且這些位置所提供的視野不可能、也永遠不會跟我的一模一樣。尊重他異性最為重要。

在參與計畫的專業人士身上做過實驗後，湯姆和愛莎發現了一些「經驗法則」，可幫助專業人士對家長提起自己的憂慮時創

造對話[6]：

1. 思考你所擔心的事，並考慮你在什麼地方真正需要家長／監護人的幫忙。

2. 在心中把自己在輔導小孩時遇見的正面經驗列舉出來。

3. 在預想中思索：如何在把正面事項和所擔心之事一起表達出來之時不會被誤解成你在抱怨或指責對方。

4. 預想一下：如果你照所計畫的方式採取行動，會發生什麼事？家長／監護人可能會有什麼反應？

5. 在心中或在同事面前先把你要說的話演練一下；試著為自己找到讓人願與你分享意見和想法並能強化持續合作的說話方式。

6. 如果你預期自己一直試用的方式可能無法促進對話或無法導致持續性對話，那麼就改變你的方式。

7. 如果你自信找到了一個頗能尊重他人的方式，那麼就在有利的時機和適當的場合把你的憂慮提出來。

8. 仔細聆聽並要有彈性。面對憂慮是一個互動過程，因此不要頑固堅持已定的計畫。

9. 反思所發生之事：情況如你的預期嗎？你學到了什麼？你自己這一方面打算如何確保持續的對話和合作？

10. 最重要的，你要記住自己是在請求他人幫助你減少憂慮——對改善小孩的處境而言，持續對話最為重要。

在此我們需要強調一點：這些「規則」是為了讓人知道如何尊重他人——即使當時憂心忡忡——而訂出來的。它們不是一套有系統、必須逐步實踐的行動計畫——如果這麼做，對話便會被

策略性行動所取代，而這種行動會將他者定位為被改造的對象。參與對話的兩人或幾個人都會在對話過程中經歷改變；他們都會互從對方學習，並為自己因此獲得的豐富視野心存感激。一起演進、而非由單方來改變「所針對的人」或「所針對的一群人」——這才是對話作法中所發生的事情。

在成功處理與藥癮有關的憂慮之後，湯姆與愛莎另就如何面對監護人可能的心理問題做了一個實驗。實驗證明這類早期對話是有效的，因而促使他們兩人及專業人士進一步就專業人士遲遲不敢明講的所有難題也做了實驗。實驗結果頗令人振奮，因為專業人士在報告中都提到了愉快的經驗以及人際關係的改善[7]。近年來，在芬蘭和其他國家中都有早期干預的訓練課程。各個城市中處理兒童、青少年和家庭問題的所有工作小組都接受了訓練，而且「面對憂慮即等於真誠請求協助」的這個核心觀念也繼而被運用在其他專業情境中，如老年公民的照護[8]。

6　作者原註：更詳細的資料可見於艾立克森與昂吉爾合著的手冊（Eriksson & Arnkil，2009）。

7　作者原註：他們根據發生於 1996 年至 2004 年間、三百四十九件面對憂慮的案子寫了一篇報告。這份報告的追蹤摘要很有趣地指出：專業人士甚至遲遲不敢運用經驗法則，但運用後對成果大表訝異。在實際正視憂慮之前，有 32% 的人認為會有好的結果，68% 的人持悲觀看法（但他們還是把憂慮提了出來）。事後，66% 的人報告了良好的結果，另有 30% 報告了不好的結果。事前事後的數字恰好互相對調！請參閱 Eriksson 及 Arnkil 於 2009 年出版的著作。

8　作者原註：最新的發展是把這對話作法運用在人事管理方面。管理者把自己的難題表達出來，而非把他／她心目中屬下所具有的問題告訴對方。更確切地說，管理者會說出他／她在屬下身上所看到的優點、他／她的憂慮、以及他／她需要對方幫助。在芬蘭努密亞維市（Nurmijärvi），處理兒童、青少年和家庭問題的全體工作人員以及所有市政部門的所有主管都必須參加訓練課程，以學習如何用對話方式把憂慮表達出來。這些課程變成了常態訓練。

　　這核心觀念的確很簡單：不要為了使他者接納你的看法及你所偏愛的行動計畫而企圖用「獨白」去控制對方的想法及行動；在表達你的立場時，要邀請他們提出他們的看法和他們心目中較喜歡的行動方式，並邀請他們跟你一起努力並互相幫忙。他者永遠超過我們的理解範疇，因此我們有聆聽的責任。

親愛的讀者，你現在也可立即試試看

　　我們要把這十條規則合併為四條，讓大家運用在家人或朋友身上。試著照做時，你會發現重點在於確立一種人生觀，而不在精通技巧。重要之事在你提起憂慮之前就會發生。

　　或許你心中有不敢提起的擔憂之事？

1. 想一想你可以用什麼方法為他者所做的事感謝他或她，也想一想你們曾一起為這憂心之事做過什麼。務必要為此誇讚對方。

2. 既然一起努力仍使你感到憂心，那麼就要為表達憂慮做好準備。在表達時要誠懇地請求對方助你減輕憂慮。如果你不是真心需要幫助，那你就是在虛偽做出請求，因而聽起來、看起來和感覺起來都非常虛偽。用請求幫助作為掩飾、實際上卻在指責他人，這會讓請求聽起來、看起來和感覺起來就像是包著糖衣的指責。即使你巧言善語，你還是會不知不覺經由聲調、手勢和其他身體語言「發送」出非言語訊息，而他人都很擅於讀出這樣的訊息。甜言蜜語和惡意的身體語言是如此扞格不入，怎有可能助你獲得所需的幫助？因此要慎重

　　　思考：我在什麼地方真正需要他者幫我減輕憂慮？

3.　演練一下你要說的話，感覺一下話語的感覺，並預期他者會
　　怎樣接收你說的話。當然，真正站在他人立場是幾近不可能
　　的，但不管怎樣，幸虧人類擁有認同的能力，人們還是有可
　　能在自己的身體內感受到他人的感覺。

4.　如果你感覺自己找到了一個尊重他人、不會使人感到受傷的
　　作法，就照它採取行動，看看會發生什麼事情。然而最關鍵
　　之事在你還沒說出憂慮之前就已經發生了。你試圖對他人表
　　示尊重並邀請對話──這種意願甚至會在你開口說話前、在
　　你無比緊張時「流露」出來。但如果充滿善意的你還是不
　　小心傷害了他者，你隨時都能向人道歉並解釋自己想要什麼
　　──你想要表達誠摯的合作願望並藉合作來減輕憂慮。這會
　　是好的再開始，也是共同行動的邀請。

方法與人生觀

　　真心需要別人的幫忙並不是一種可學的技巧，而是出自個人
待人處世的人生觀。經驗法則和類似的指南或許可以幫助新手採
取步驟，使他能一百八十度對換位置去感受求助者的感覺。然而
指南畢竟只是按部就班的綱要，但人生卻非如是。對話工作重在
相互回應，而不在遵循指南所列出的步驟。幫助新手累積經驗是
很重要的，但當經驗逐漸累積時，指南就會愈來愈不具重要性。
亞里斯多德在他的《尼各馬科倫理學》（*Nicomachean Ethics*）
中頗詩意地說明了什麼是實用智慧（practical wisdom）：技巧

（tekhne）和理論知識（episteme）雖然重要，但在各種必然獨特的實際狀況中，為了對人類有益，一個人必須基於智慧做出選擇。我們不可能在遵循行為準則時做出這樣的選擇，卻須依賴唯從經驗才能取得的實用智慧（phronesis）。

指南可以為累積經驗提供助力，經驗可以充實勇氣和想像力，用創造力助人助己成長的實際工作（generative practice）則可以強化基本的人生觀。在一方面，如果一個人徒具技巧，那他／她多少只能依賴這些技巧，因而缺乏寬闊的創造空間。但另一極端也很可能導致狹隘：如果一個人只擁有理論、卻沒有導引他或她邁出第一步的指南，這人很可能永遠只能做個關心的旁觀者，卻無法鼓起勇氣踏入深水中。對話精神不是方法或一套技巧，而是人在認知、尊重並伸手觸碰他者的他異性時建立起來的一種人生觀。雖然如此，我們還是可在某種限度內描述不同的對話作為及其初始步驟。從對話關係累積經驗後，我們的對話人生觀會變得更為堅定，我們也會更有勇氣去開展更多更廣的互惠行動。我們將在第六章摘要說明一些可以促進對話作法的重要原則，並在第九章討論什麼樣的整體工作文化可以支援這樣的努力。

總結

在早期干預時意圖改變「所針對的個人或一群人」，這會使干預過程受困於衝突之中並使專業人士卻步不前，繼而使問題惡化以及選項範圍趨於窄化。雖然第一線工作人員極不可能把他們遭遇困難的原因追溯到他們所喜作法的認知基礎，但問題的原因畢竟與偏見有關——偏見使人忽視案主之他異性而導致緊張關

係。在期望案主採納專業人士的觀點時，偏見實際上就隱藏在這種期望中。不管你再怎樣用心良苦或謹慎發言，不尊重他異性總會使他人感到你不尊重他或她。

在試圖改變自己的作法以促成共同思考和共同行動時，對話關係就會發生。保持對話態度、並尊重他人在人際關係的世界中佔有獨特的位置並擁有不同的看法——這種態度甚至在你開口說話之前就會流露出來。

【第三章】 對話作法的途徑：開放式對話

　　我們在本章中要思考亞科的經驗，藉以探討對話作法的本質。首先我們會描述目前的作法，把某對伴侶接受心理診療的記錄摘示出來，在其中治療師們似乎什麼都沒做，只聽案主說話。我們會停下來討論這種作法與家人互動治療（systemic family therapy）[1] 之間的對比，藉以明示重點。然後，我們會描述開放式對話的原則如何在西拉普蘭省的資源網作法（network practices）中演化。最後我們會把這些我們認為也可適用於多人關係情境以外作法的對話原則摘要成幾項指引。在這方面，我們口中的開放式對話指的並不是一種特別技巧，而是任何人際關係中的一種生命態度。我們在序言中曾提起幾個與案主對話的例子，說明了亞科身為臨床心理學家暨家庭治療師的例行工作方式。亞科的臨床心理治療工作主要發生於某大學的心理診療中心；他在那裡兼有教師及治療師的身分。心理學碩士班的學生在接受心理治療訓練期間會成為治療過程中的助理治療師，讓他們有真正機會可以跟有經驗的臨床專家合作，使他們在學習治療過程的同時也成為負責的治療師。

　　這樣的安排對教師來講也提供了真正的可能性。亞科認為，在心理治療工作上做這種安排可以讓他在成果顯著的共事方式基礎上持續工作，不致讓他在從事治療時單靠一己之力——這在他開設私人心理治療中心的情況下是非常可能發生的。在處理嚴重

危機時，一群治療師的合作確實非常具有效力和創意，而且這種合作更能在對話作法中利用到多人的經驗。「治療小組」的組成在 1970 年代晚期就已成為親人互動治療中常見的場景；但在對話作法中，這種匯聚經驗的方式被賦予了新的意義，其精髓便是對話精神。

在前一章中，有位父親的十二歲女兒患有行為問題。他說到，他和他妻子都覺得新的家庭治療過程跟他們以往在家人互動治療中的經驗非常不同。做父親的特別感覺到治療師在持續進行的療程中並不想要改變他或他的妻子。由於他們女兒的問題極其嚴重，他們從她小學一年級以來每年都接觸到家庭治療師。很顯然的，之前的治療師志在提振弱勢家長的地位，因而試圖改變他們跟女兒相處的方式。依據這種看重互動結構的思維，一旦家人彼此的界線有所改變，女兒的行為就可能改變——她似乎在家中已經稱霸了許久時間。表面上看起來，家庭問題的歷史顯然就此告一段落。由於著重於家人的互動結構、而不把他們看成治療師應當考量的個人，家庭治療師顯然斷定：只要他們讓家長更能掌控家中的問題、更能知道如何處理女兒不斷造成的問題，困擾就能獲得解決。

在看重互動結構的思維中，症狀——如行為偏差就是過動與注意力缺失疾患的症狀——可被看成是家庭互動結構中的一個作用力。例如，在探討精神失常的問題如何在家庭中發揮影響力

1　譯註：傳統之家庭治療亦稱「systemic therapy」，著重於改變親人間的互動結構。

時，米蘭的一個家庭治療小組就曾注意到：小孩的精神失常行為常促使家人更為團結。就此而言，即使患病的青少年即將離家——比如去就學——行為偏差的症狀仍可被看成是增進團結而非造成分裂的一個力量（Selvini-Palazzoli 等人，1978）。在治療者的眼中，家人彷彿在用某種方式一起玩一個家庭遊戲。亞科在1980 年代早期接受到的家庭治療基本訓練是屬於互動結構之思維的，因此習於在處理家庭互動結構時查看章則，並根據這些章則去研擬干預計畫以啟動改變。

　　女兒患有過動與注意力缺失疾病的家長也經歷了這段歷史，遇見過好幾個著重於互動結構的家庭治療師。但照這位父親的說法，他們現在的感受非常不同。他說，在現在的治療中，治療師會傾聽家人不同的聲音，因此他開始更常發言——最重要的，他也開始聽女兒說話。看起來，之前的家庭治療師都把重心放在改變家長在家庭互動結構中的行為；他們不認為自己有必要去用對話方式回應大家所說的話，卻只重在審視家人的整體互動結構。他們所提供的治療過程並不看重與尊重每個會談參與者的聲音，而是以改變家人在互動結構中的界線為主要方向。在如今的對話作法中，藉干預互動結構以啟動改變已不再是主要的治療手法。對亞科而言，這的確代表了治療師在家庭治療對話中的地位已大為改變。

　　以危機小組一員的身分設計更多對話作法的時候，亞科開始步上一條新路，使他與看重互動結構的干預作法愈行愈遠。而且在和某位同事一同治療一對伴侶時，他也沒有再走回頭路，這是因為他對治療師在家庭治療對話中所扮演之角色的看法已全然改變。在對話作法中，仔細聆聽、接受他人、並回應他人所說以創

造對話空間乃是主要重點。

事實上，創造對話空間是每一個心理治療師在獨力約談單個案主、一對伴侶、幾個家人或人數更多之相關成員時都能做得到的事情。與一個同事合作——更不用說與一個小組合作——當然會增加種種可能性，但獨力工作也能創造對話空間。讓創造對話空間變為可能的同時，我們並無必要去大大改變整個治療架構。而且，在心理治療的領域以外，以創造對話空間為原則的對話作法似乎也可運用在別種專業和人際關係上。本書最重要的主題實際上就是如何在不同專業領域中創造對話空間。如果我們可以因不再採用改變他人的策略性干預而使心理治療具有對話空間，那麼類似情形不應也會發生在其他專業領域和日常人際關係中？例如，在師生於教室面對面時、在家長與教師會談時、在伴侶／朋友／同事相處時，這原則不也照樣行得通？

不同文化的對話

我們在對話作法中似乎都經歷不到什麼特殊狀況；這是因為對話作法不再以治療師善於發問或善於詮釋為出發點，而以聆聽案主的故事為重點。在下面的例子中，亞科在其治療工作中和一個心理學碩士班女學生一同會見了一對異國伴侶。妻子薇若妮卡是瑞典籍學生，是她提出會談要求的，因為她丈夫艾力克斯——大學內的一位以色列籍教師——不願再跟她討論他們在生活中面臨的難題。問題的背景是這樣的：薇若妮卡患有憂鬱症，為時約達兩年之久；當她開始復原並想跟艾力克斯談一談兩人關係中所出現的問題時，艾力克斯似乎驚恐了起來。但在薇若妮卡陷於憂

鬱症的那段期間，艾力克斯對她來講是很重要的支柱。

下面三段對話發生於第二次會談中。在會談一開始時，薇若妮卡和艾力克斯填寫了一份成果評分表（Outcome Rating Scale，ORS），用簡單方式評估上星期的狀況。薇若妮卡似乎不想參加這次會談，因此他們遲到了五分鐘。

27. 薇若妮卡：我的感覺不一樣。今天我並不想過來，通常我不會這樣。

28. 治療師一：嗯……你今天不想來……有什麼特殊原因嗎？或者？

29. 薇若妮卡：我想是我這一陣子工作太多、太累的關係。

30. 治療師一：喔喔。

31. 薇若妮卡：我睡眠時間不夠，或者我只是覺得有些難過。我不知道為什麼我們兩人對這事的感覺那麼不一樣。

32. 治療師一：嗯……你是因為兩人不一樣的感覺而難過嗎？（治療師指著評分表）

33. 薇若妮卡：不，我很高興他覺得很好。

34. 治療師一：好……但你很難過、你覺得難過……

這串對話發生於會談開始之時，當時治療師正在問他們過得怎樣。他們事先填寫了 ORS 評分表，亞科接著問他們是否想說說他們的感覺。艾力克斯先開口，說他覺得很好。然後薇若妮卡說她今天不想過來（行 27）。她口氣頗不耐煩，因此會談一開

始就帶有相當緊張的氣氛。對治療師來講，這意謂你要小心、不要使情況變得更糟而使合作變為不可能。治療師在回應時先只重複薇若妮卡的話，然後要她再多講一點（「……有什麼特殊原因嗎？……」，行 28）。他的這些話都帶有開放性，讓案主可以隨意說出他們想要說的。當她說到自己覺得有些難過時，治療師又照字複述了她的回答。

　　下串對談在會談進行約十五分鐘後發生。在薇若妮卡說起工作量超過她的負荷時，緊張達到了最高點。

61. 薇若妮卡：是的，因為過去幾週來我每天要工作達十五小時而無法待在家裡。我有時間在家時，他卻不在家，因為他要去見朋友或做別的事。因此大部分的過錯都在我，而非因為我工作忙到無法在家。就這樣，我總覺得自己不曾有一個晚上是跟他同時在家的。

62. 治療師一：嗯……

63. 薇若妮卡：我其實不喜歡那樣……

64. 治療師一：你說「不曾」，是什麼意思？

65. 薇若妮卡：我不曾在家？

66. 治療師一：不是說你不曾在家，而是說你們不曾一起在家。你們上次一起在家是什麼時候？

67. 薇若妮卡：我昨天回家是幾點鐘？不管怎樣，在昨天之前，我一連五天必須從早上八點工作到晚上十點至十二點之間，因為我是學生，需要實習。

68. 治療師一：你需要實習……

69. 薇若妮卡：也就是我下班後去做的那份工作，因此我有這樣的感覺。昨天我是七點鐘以後回到家的。

由於工作量過重和無法在家、在家時卻因艾力克斯去找朋友而看不到他，薇若妮卡聽起來有很深的挫折感。薇若妮卡說他們不曾一起在家而治療師隨即重複「不曾」（行 64）這兩個字的時候，氣氛有了轉變。受挫的故事變成了另一個故事，在其中薇若妮卡開始更確切描述他們生活中的一些情形和細節，因而開啟了對話。治療師問及他們上次何時一同在家的時候，案主開始能述說具體發生的事，而非只說出一些無能引起對話的籠統想法。

會談的最初二十八分鐘都被用於釋放過於沉重的壓力。然後，當治療師問薇若妮卡和艾力克斯還想怎麼利用會談時間時，他們兩人都願意談一談艾力克斯下週探訪他父母的事，因為在他們察覺到艾力克斯的母親不喜歡薇若妮卡後，這樣的探訪對伴侶兩人來講已經不斷成為一個沉重的負擔。這事實上似乎就是薇若妮卡患憂鬱症的一個原因，因為她發現艾力克斯的雙親——尤其他母親——並不願意跟她說話。

175. 治療師一：嗯……

176. 薇若妮卡：但每當他去了什麼地方，或在許多時候，我都有那種感覺……

177. 治療師一：嗯……什麼感覺？

178. 薇若妮卡：感覺他不想我、他在那裡似乎很想忘掉我。

179. 治療師一：你認為他（手指著艾力克斯）很想忘掉

你，這是什麼意思？

180. 薇若妮卡：我感覺……我不知道……我不懂艾力克斯
　　為何會忙到沒時間想我或發訊息給我……我就是無
　　法理解這一點。我不需要你打電話，只需要知道你
　　想我。

181. 艾力克斯：但我認為這種情況從未發生過……我從
　　來不曾一整天都沒發訊息或打電話給你。

182. 薇若妮卡：……

183. 艾力克斯：好吧，我會在白天打電話給你。

184. 薇若妮卡：……

185. 治療師二：我認為你是怕他忘掉你，對嗎？

　　治療師從這串對話的頭一個字開始就在聆聽並使用「你感
覺」這幾個字（行 177）。那是在鼓勵薇若妮卡更仔細描述她的感
覺——這感覺的核心似乎是薇若妮卡擔心艾力克斯在探訪父母時
把她拋諸腦後。這點在兩位治療師表達看法時獲得了證明。

　　在這節治療的最後一部分，大家談到的主要問題是艾力克斯
和薇若妮卡的關係以及他們和艾力克斯雙親的關係。當最後為這
節治療填寫評分表（Session Rating Scale，SRS）時，他們兩人
都說自己的話有被人聽見，而且他們都覺得真正的問題有被討論
到。他們在這節會談後又參加了三節會談，在其中他們有了重大
改變，開始能以坦白的對話方式談論他們生活中的所有問題。薇
若妮卡變得不再那麼沮喪，艾力克斯也在薇若妮卡想談他們的關
係時不再感到驚恐。

　　我們在此簡述的伴侶治療過程就是對話作法的一個範例。

治療師並沒有把重心放在伴侶的家庭互動結構上——無論是他們的互動結構或他們與其他家人的互動結構。主要重心一直都在於傾聽他們的問題。這麼做的時候，他們感覺到的最關鍵問題成為了共同討論的議題。治療師所持的中心觀念是：聆聽他們的故事並在他們說話時置身其中。在實踐這觀念時，治療師常一字不差地複述案主言語中的某個部分，以確定那的確是他們的意思。在這樣的對話中，案主有可能說出更多事情、說出他們沉重的生活難題。

把家庭當成一個互動結構仍可以幫助我們分析問題之所在。對亞科來講，辨識出「家庭權力遊戲」仍是可能的，但他發覺那已無法引起他的興趣，也對他沒有什麼幫助。把家庭當成一個互動結構、並把症狀行為視為形成這結構的一個作用力，這實際上是很無趣的作法，因為家庭生活的複雜性和豐富性會因此被簡化成一句簡單的解釋，以便讓治療師干預互動結構。只有在面對實存的全盤人際關係、而非聚焦於單一互動結構時，治療師才可能為自己和案主打開大門以深入分享經驗。亞科及他於 1981 年加入的托尼歐市（Tornio）開羅普達斯醫院（Keropudas Hospital）小組就在當時開始接納這種作法；自此之後，以互動結構為主的觀點逐漸失去以往的適用性。那麼，我們可以用什麼途徑去採用創造對話空間的作法、而不再企圖用詮釋去促請案主採取行動？

從互動結構治療到對話作法

亞科接受過臨床心理學家的基礎訓練。他從一開始就以精神失常和思覺失調症（schizophrenia）[2]為他的主要研究項目。

早在他的碩士論文中，亞科就分析了學齡前兒童患有思覺失調症及其他嚴重心理問題的風險因素。在他開始為芬蘭拉普蘭地區的開羅普達斯醫院工作後，他在那裡遇見了一小群熱衷工作的專家，其中有兩個醫師（Jyrki Keränen 和 Birgitta Alakare）、兩個護士（Ilkka Vehkaperä 和 Telma Hihnala）、以及二或三位心理學家（先有亞科，隨即加入了 Kauko Haarakangas 及 Markku Sutela）；大家都有志為最嚴重的心理問題研發出一套以家庭為中心的診療方法，而在研究中追隨了芬蘭藉教授約厄・阿勒能（Yrjö Alanen）[3]及其小組所創立的「適應病人需要」（Need-Adapted）這一作法的傳統。（小組成員之一的 Jukka Aaltonen 教授後來成為了西拉普蘭省這項研究計畫的主持人。）

在開始設立急性精神病治療之住院系統時，托尼歐市開羅普達斯醫院設定了兩個主要目標：一是為被診斷患有思覺失調症的病人建立個人心理治療，另一是成立小組，為住院病人的家人提供以互動結構為主的家庭治療。那時有幾十個被視為「無藥可救」的長期病患住在開羅普達斯醫院裡。「適應病人需要」之傳統最受人重視的就是它採用了較為樂觀的治療模式，並知道如何運用精神失常病人本身所具備的心理資源。找到方法來運用病人的心理資源已被證明是治療的關鍵。

心理治療在芬蘭長期以來都屬於大眾健保的一部分，而約

2　譯註：台灣舊稱此病為精神分裂症。
3　譯註：Yrjö Alanen 教授為世界知名的思覺失調症研究學者，對此領域有諸多開創性貢獻。

厄・阿勒能教授及其小組自 1960 年代以來在土爾庫（Turku）精神病治療中心所做的研發工作對這制度特別具有重要性。土爾庫小組一開始用的是心理動力學（psychodynamics）的個人心理治療法；他們接著在 1970 年代晚期把看重互動結構的家庭治療法納入治療方式中，並將此這套作法稱為「適應病人需要之療法」，強調每個治療過程都具有獨特性而必須適應每個病人的多重需要。

治療會談中的開放式對話

「適應病人需要」作法最令人印象深刻的創新之一是其開放式治療會談（open treatment meeting）的觀念。土爾庫小組在 1984 年把這觀念講述給開羅普達斯小組聽，當時後者正由於不知如何把一個思覺失調病人的心理治療與看重互動結構的家庭治療結合起來而大感頭痛。雖然相同的治療小組有能力操作這兩種方法，但它們最初看來風馬牛不相干。開羅普達斯小組就在這時聽說了開放式會談的作法——在作法當中，病人及家人雙方從一開始就一起受邀參與會談，但工作人員並沒有為會談作任何準備。這種共同參與的作法對決定病人住院與否較為可取，讓病人可因此免去與醫生多次面談或從心理學家那裡接受心理測驗。

在這治療會談中，困境的主要關係人與病人一起討論所有相關問題。所有處理問題的計畫及決定都於大家在場時做成。所有參與者在同一個房間內坐成一個圓圈、進行開放式討論。發起會談的醫院小組成員為對話做開場白，但事先並未計畫提問者為誰，因此所有工作人員都可參與提問。我們會在第五章和第六章對此再做更詳細的討論。

開放式會談在許多方面都與哈琳・安德生（Harlene Anderson）及哈利・古利席恩（Harry Goolishian）基於對話原則所建立的家庭治療法（1988）有共通之處——安德生後來又將此法改進為她所稱的合作治療法（collaborative therapy）（1997）。

湯姆・安德生（Tom Andersen）曾在著作中討論以反思小組為特色的對話情境（reflective team dialogues）[4]與過程（1991）。我們在其中也可找到類似的開放式對話。有趣的是，這些不同方式大約都出現於同一時間，都是因相當不滿看重互動結構的家庭治療法而形成的反動。開羅普達斯醫院的專家認為互動結構之家庭治療可協助工作小組發現不少事情，而且在處理病人及家人的嚴重危機時，這方法極具創意並能促使大家分擔責任。但他們對互動結構作法的某些思維有所顧慮，其一就是：一旦家人互動發生問題而顯示家庭治療有其必要時，住院病人的全盤治療計畫就得同時安排家庭治療這一部分。安排開放式會談可以消除這種顧慮，因為現在所有家人都會接到通知並受邀一起參加會談。

這種開放式作法從一開始就非常受人歡迎，因而鼓勵了亞科和他的同事繼續採用它。然而，不久就出現了混亂和意外的狀況。小組後來才明白，這是因為病人及其家人積極參與了了解問題和訂出治療計畫的過程，使得小組無法再循傳統觀念先訂定計畫、再執行治療。

在最初階段，小組成員一起為病人訂了治療計畫，其中包括大家視為必需的家庭互動治療法。在這種治療結構中，小組負責

4　譯註：在英文中，此種小組通常稱做 "reflecting team"。

決定治療計畫及其實行方法，而病人與其家人是各種治療法所針對的對象。

　　開放式面談的結構開啟了完全不同的治療思維，事實上也為精神病治療開啟了新的模式。由於治療師們——包括亞科在內——接受的是傳統教育，他們似乎仍根據傳統架構採取行動，因而一再造成混亂的情況。小組試圖用干預互動結構的家庭治療法來改變家人，但家人已不再只是治療計畫的接受者，而是過程的積極分擔者與參與者。因此，家人不再遵循小組在干預互動結構時交付給他們的工作。這造成一種僵局，而結果是治療小組必須先作改變，然後家人才能據之改變。這個解決之道使小組既感不解，又感驚訝。

　　這些經驗用下列方式挑戰了精神病治療和家庭治療的方式：

- 穩定的診療計畫變為不可能，因為每次會談都成了一個產生新計畫的過程。這種一再訂出計畫的過程極為有益。

- 治療師再也不可能在家庭治療中藉不同的干預方法來啟動家庭結構的改變。

- 米蘭小組曾說互動結構治療法的先決條件在於治療必須發生於醫療機構以外（Selvini-Palazzoli、Boscolo、Cecchin 及 Prata，1978），但如今在公立住院環境中與家人合作已變為可能。

- 由於互動結構的家庭治療法似乎不能解決問題，小組「被迫」尋找其他方法。互動結構的家庭治療法視家庭的互動結構會影響問題或症狀。在創造開放式對話時，我們的目標則在聽見所有不同的聲音，但對這些聲音是否為造成家庭互動

結構的原因毫無想法。因此，我們在做干預時並不想改變家人的互動關係，而是想創造新的語言並敘述新發生的事情。

具有對話性的會談

最初，開放性會談只是為擬訂治療計畫而召開的討論會，並未正式視對話為其基本概念。但在反省會談中的一些混亂經驗時，亞科開始想到俄國語言學家暨文學學者米夏·巴赫金論及對話性與生命複調性的著作。

亞科最初在傑法斯基拉大學（University of Jyväskylä）艾爾奇·波若能教授（Erkki Peuranen）以俄文寫出的一篇論文（1980）中讀到巴赫金。巴赫金在杜斯妥也夫斯基的長篇小說中所見而加以描述的事情（1984），似乎與開羅普達斯小組在與案主會面時所遭遇的眾聲喧嘩場面如出一轍：多種聲音無時不存在於治療的會談中。正如巴赫金所說，每個參與者——尤其作者——在多種聲音的會談中都會大大改變立場。使會談能進行的唯一方式就是在所有參與者的聲音間創造對話，不讓複調情境中的任一聲音凌駕在其他聲音之上。

根據巴赫金的說法（1984），複調長篇小說的作者無法控制小說人物的行動；要繼續在小說中佔有一席之位，作者只好跟這些人物對話。開放式治療會談中的治療師似乎就是這類「作者」；他們有責任寫出治療的情節，但不能再用傳統方式為之——在傳統中，專業人士訂出方法和干預方式，用以去除症狀或改變家庭互動結構。開放式會談對精神病學來講的確是個重大變革，因為精神病學在大家最初的構想中就是一門醫學和專業訓

練。在醫學中，需要幫助的病人被認為需要接受醫師的診療，而醫師另需從其他能運用特殊治療法的專家那裡獲得協助，以治療經過明確診斷的疾病。醫師是專家，病人則是醫師干預的對象。醫師是創造疾病治療情節的「作者」。在這種背景下，下結論說自己「必須放棄主導權」並同時「被迫」調整行動以聆聽病人的醫師必會使眾人感到錯愕。

醫師立場的改變不僅對醫學、也對心理治療來講是重大而令人吃驚的改變。

心理治療師（包括家庭治療師）一向也認為自己的職責在將特定的治療方法施用在所針對的精神病症或其他問題上。如同醫學，心理治療師習於如此描述自己的工作：把特定的干預計畫運用在經過明確診斷的疾病類型上。甚至在「公因素」（common factors）理論的年代──這理論認為造成轉變的因素非特屬於某一治療模式──治療師仍然承擔了沉重責任，必須採取步驟去建立合作關係，並藉合作關係去進行干預。

與傳統治療不同的是，在開放式對話會談中，治療師不再站在干預者的立場上。此外，正當許多家庭治療學派特別強調如何創造特定晤談形式之際，傾聽與積極回應在開放式對話中卻愈形重要。小組成員可以彼此就所聽到的事交換意見、在討論中進行反思，而家庭成員則在旁聆聽（Andersen，1995）。

整體而言，對話作法的根本原則可說就是無條件承認他者的存在。這在家庭內以及在家庭治療的會談中都會形成非常有趣的現象。無條件接受他者事實上代表心理治療工作發生了重大轉變，而這態度本身即代表了重大轉變。

以開放式對話為核心的精神病治療體系

　　開放式會談與西拉普蘭省的公立精神病治療體系有很密切的關係。開放式對話這名詞在 1995 年第一次被用來描述以家人和朋友圈為中心的整體治療資源網（Seikkula 等，1995）。它有兩個面向，其一是會談，其中所有相關成員從一開始就參與對話，藉以帶來新的認知。第二個面向是：它為地理就醫區內的整體精神病治療體系提供指導原則。對我們而言，這意謂著：開放式對話不僅是我們與病人及其家人（甚至還包括其朋友）舉行會談的方式；它也提供基本原則，讓我們知道如何在動員整體精神病治療體系時促進對話。

　　在推動新的方式時，大家了解到必須對西拉普蘭省的精神病治療體系做深入研究。

　　在推動對話作法時，有三件重要的事情：利用「行動研究」（action research）的觀念去多次評估開放式對話作法的有效性和治療過程（此事已告完成，參見：Aaltonen、Seikkula 及 Lehtinen，2011；Haarakangas，1997；Keränen，1992；Seikkula，1991、1995；Seikkula 等，2003、2006、2011）；在做行動研究時，研究者從體系內部去做研究，而他本身即是被觀察之體系的一部分；透過這些研究，研究者得以獲悉體系原已具備、能為精神病和憂鬱症患者提供積極療效的珍貴資源——對精神病來講，這些資源遠比其他做法更能導致良好成效。這些研究也為最嚴重的危機提供了可能的最佳原則來整合精神治療，重點即在動員家人及病人的其他社會資源。

以開放式對話為核心的危機處理

　　第一個大型研究計畫在 1988 至 1991 年期間展開（Seikkula，1991；Keränen，1992）。人們第一次有機會得窺新而開放之架構中的互動狀況，而米夏‧巴赫金的對話概念也開始具有了意義。他在文學及語言研究中提出的觀念出人意外地似乎也與大家逐漸了解的精神治療過程有相合之處。

　　亞科在約卡‧阿特能（Jukka Aaltonen）的合作下，用兩年時間分析 1985 至 1994 年間精神病初犯病人的治療過程。這份質性分析（qualitative study）[5]標明了可能之最佳治療的某些重要元素。他們把 1985 至 1989 年入院的病人拿來跟 1990 至 1994 年入院的病人相比。在較晚的那幾年間，新的社區精神治療架構已被建立起來，而較早時期的架構概以醫院治療為重心（Aaltonen 等，2011）。

　　在較晚那幾年所建立的架構中，即使個別診斷有所不同，所有精神危機的處理都依循相同程序。如果危機可能需要由醫院來處理，醫院中的危機診所就會為治療安排會談——若非在自願住院者決定住院前舉行，就是在被迫住院的第二天舉行。這場會談會針對病人個別需要成立一個由住院及門診醫護人員組成的小組，通常包括兩、三位成員（如危機診所的精神醫師、病人所在地之心理健康門診中心的心理學家、以及病房護士）。然後這小組開始負責接下來發生的一切事情——不論病人是否住在家裡或住在醫院，也不論預計的治療時間會有多長。遇到不需住院的危機時，地區的心理健康門診中心會負責組成符合病人需要的小組，邀請與病人有關之不同機構的人員參與。

　　例如，在需要多方參與的病例中，該小組可能會由門診中心的一個護士、社福單位的一個社工、兒童輔導中心的一位心理學家組成。這種人力動員完全符合省內所設置之國家社福和健保制度的基本理念。事實上，同樣的理念也被運用在非精神病或非社會問題的危機上，比如為各種重大創傷後遺症案件組成危機彙報小組。

　　開放式對話作法已被認定在以化解危機為導向的新處理方式中最能導致最佳化治療。它的七條主要原則也已被證明對於專業人士整合其工作有極大貢獻。這七條主要原則是：立即的協助、病人之社會關係成員的觀點、彈性及地點可移性、小組責任、心理延續性、包容不確定狀況、對話性。值得注意的是，這些原則是從研究中產生的，而非事先計畫出來讓人遵循的。後來又出現了更多關乎最佳治療的原則。在下面，我們要解釋這些做為治療方針、以對話為重的原則。雖然我們的研究多半在探討不同精神病症的治療，但這些研究並不在診斷單一病症，而在描述整體治療資源網中特別有用的危機狀況處理方式。

立即反應

　　危機發生後最好立即開始處理它，而不應（舉例來說）等精神病人變得較為正常時才舉行家庭會談。一般來講，二十四小時是可以被接受的立即反應時限。各單位應在病人、親人或轉介單

5　譯註：相對於量化分析（quantitative study）而言。

位首次連絡後的二十四小時內安排第一次會談。此外，二十四小時危機服務也須被建立起來。立即反應的一個目標是盡可能讓更多病人免掉住院的麻煩。所有相關者（包括精神病人）都須在精神病發作最猛烈的期間參加最初幾次會談。

常見的一個現象是：病人在發病時似乎都會察覺到家人察覺不到的事情。雖然病人的說法在最初的會談中不為人所了解，但一陣子之後，我們卻會發現病人事實上講的是發生在他們生命中的真實事情。常常，這些事帶有可怕和威脅的意味，是他們在危機出現之前無法或不可能用言語表達的。精神病發作大多與真實事件有關；病人此時把以前無以言表的主題展示了出來。其他問題行為也是如此：病人在極端情緒中──如憤怒、憂鬱或焦慮──正在「說出」之前無從討論的主題。就這樣，身為危機主角的病人在自己四周觸到了他人無法觸及的某種事物。治療的目標便在為沒有語言可以表達或無法透過語言與他人分享的經驗找出築構語言的方法。

在危機後的一、兩天，病人有可能說出後來將很難再提起的事情。幻覺只在最初幾天才有被處理的可能和被大家思考的機會。在此之後，幻覺會很容易淡化消失，因而失去被處理的機會──這機會要一直等到個別治療進行兩、三個月後才可能再度出現。這些極端經歷所打開的窗子似乎只在最初幾天保持開啟。如果小組能立即回應並在聆聽病人所說之一切主題時創造出令人安心的氛圍，那麼關鍵性主題就會找到被處理空間，病情的發展也因此更能受到掌握。我們在第八章會討論一個案例，以說明小組因不設法回應精神病主題或其他令人難解之主題而造成的危險。

納入病人的社會關係

　　病人、家人和病人社會關係中的其他重要人物必須受邀參加最初的會談，以動員病人及其家人所需的支持。這裡所說之社會關係中的其他重要成員可以是機構的代表（如全國就業服務處、支援身心復健的國家健保單位）、同事、病人的工作主管、鄰居或朋友。

　　病人的社會關係可以有助於發現問題。只有在病人的最親近者或病人本人用言語把問題說出後，問題才會成為問題。在最嚴重的危機中，往往都是病人的最親近者注意到病人展現了某些出人意表的行為，使他們首度覺察有問題，繼而把這想法說了出來。例如，家中的青少年被懷疑有嗑藥行為的時候，青少年自己很少會認為那是問題，但他們的父母卻會因為第一次看到疑似的藥癮徵兆而飽受驚嚇。

　　要避免病人或家人不願一起參加會談的情況，我們最好用簡單、非正式的方式來釐清誰必須受邀參加。例如，危機中向外聯絡的人可以先回答以下幾個問題：誰知道這狀況並覺得擔心？誰能幫得上忙並能參加第一次會談？誰最適合去邀請大家──最初聯絡有關單位的人、還是治療小組？

　　由於這麼做，病人會得到一種暗示，以為親人的參與只是他們之間日常對話的一部分，因而降低了病人得知親人被邀時可能感到的疑慮。在邀請這件事上，最初通知各機構的那個人有權決定他不想邀請誰來參加會談。如果在建議共同會談時用一板正經的口吻（如：「你允許我們聯絡你的家人、邀請他們來參加會談嗎？」），這在過去曾經導致病人和其最親近者失去動機而不

願參加的情形。「選擇適當參與者」也意謂我們必須知道病人是否已為這次狀況聯絡了其他專業人士，或他以前是否曾求助於專業人士。所有這些發揮過作用的人都應受到邀請，而且越快越好。如果其他專業人士無法參加第一次會談，可以協商延後共同會談。

病人的社會關係可以用不同形式予以納入。這些有關人物或能出席，但如果有人無法出席，那麼我們可以問病人：他們是否想要其他了解狀況並可能提供幫助的人參加會談？病人社會關係中的某些人可被賦予責任，必須在會後聯絡無法出席的人，並在下次共同會談時傳達這些缺席者的看法。例如，出席的人會被問到：「如果馬提叔叔有參加對話的話，他會怎麼說？你會怎麼回答？他又會如何回覆你？」

「社會關係」這個觀點正把重心移轉到病人的人際關係，其中可以包括所有重要人物——家人或非家人都可以。家人永遠是相關的，包括大家庭內的親戚在內。在某些情況下，同事或同學、朋友或鄰居也可以是重要人物。與案主有關的專業人士也是；他們會從參與當中發現新的意義，即使之前他們跟病人相處得並不愉快。

保持彈性，藉以適應個別以及時有變化的需求

在治療時順應每個案主的個別需求及其時有變化的需求，並使用最適合案主的治療方法——這就是彈性。

每個病人都須以最適合他們的方式受到治療：他們的個別語言模式、生活方式、利用特殊治療法的可能性、以及實際問題

所需的治療時間。這不會把所有病例一視同仁而只用一套通行步驟來處理他們的問題。病人的需求也會隨時間發生變化。危機出現後的最初十至十二天內，病人的需求與三星期後相比是非常不同的。例如，在急性發作最嚴重的階段，最好每天都能有一次會談；但到後來較為安全時，就沒有必要再進行會談。在這後來的階段，家人會知道多久舉行一次會談最為有利。這些觀念都追隨了約厄·阿勒能與其小組所創之「適應病人需求」（Need-Adapted）的治療法（2009）。

　　會談地點必須由大家一起商定。在某些情況下，如果家人同意，病人的家會是最好的地點。在其他情況下，如果家人認為較合適的話，地點可能是事件急診室或綜合診所。在家中進行的會談似乎能免掉不必要的住院，因為在家中，家人似乎更能運用自身資源（Keränen，1992；Seikkula，1991）。

　　精神病的新式心理治療觀念也在近年發展了出來。新的心理治療方式主要依循了疾病模型（illness model），視精神病反應為疾病訊號，而家人最好要多了解疾病，以免過度刺激病人或使病情復發。這些方式用的是心理教育模型（psycho-educational model），讓家人不僅獲得資訊以了解疾病，也接受壓力管理的訓練以利家人間的互動。但在大多數案例中，目標都放在一個可以廣泛通用於所有案例的治療方式上。從科學角度來看，這種方式的確較為簡單，但在適應個別需求時就會出現家人拒絕參與等問題（Friis 等，2003）。我們可以採用「適應病人需求」的模式——它較能考慮到每個治療過程都具有獨特性——來避免此種情形。北歐制度似乎很適合採用這種模式，因為北歐各地的精神病治療單位擔負了所在就醫區內所有病人的全部治療責任。

確保有人負責

　　如果所有相關專業人士沒有提供立即回應的熱誠，大家就會很難在就醫區內組成危機處理小組。經驗法則告訴我們最好依循下面的原則：誰接到通知，誰就要負責召開第一次會談和邀請小組成員。通知專業人士的人可能是病人自己、他或她的家人、轉介之治療者、或其他有權作決定者（如學校的護士）。

　　要使這成為可行，機構內最好成立一個危機干預或緊急危機小組。只要接到通知，每個工作人員都會知道向誰求助，以召開第一次會談。在這原則下，就不可能再有人會在接到求助通知時答說：「這跟我們毫不相干，請你聯絡別的診所。」相反的，我們可以說（舉個例）：「聽起來你兒子的問題跟酗酒有關。你同意讓我邀請戒酒中心的什麼人來參加我們明天的會談嗎？」在會談中，大家會決定誰最適合組成治療小組。在多重問題的情況下，小組最好由不同單位的專業人士來組成；例如，一個成員來自社會關懷單位，一個來自精神治療綜合診所，另一個來自醫院住院部。

　　為第一次會談動員來的小組應該為分析當前問題和計畫未來治療負起所有必要責任。當時的會談室即是提供適當回應的最佳地點；其他地點不可能出現更曉得該怎麼辦的專家。這意謂著：所有小組成員必須負責蒐集所需的資訊，為下一步做出最好的決定。會談中，參加者應打電話向無法參加的醫生徵詢意見。如果大家對於要做的決定有不同意見，最好再召開一次家人在場的共同會談以公開討論可能的選項。這會使家人更有動機參加更多決定過程。

確保心理延續性

　　無論所需時間有多長，小組應負起門診和住院期間的治療責任。這是確保第一次會談之延續性的最佳方法，因此第一次會談應成為全部治療過程的一部分。組成這樣一個多方參與的小組不僅增加了跨界合作的可能性，同時也能預防中途而廢的狀況。

　　在第一次會談時，我們無法知道治療需時多長。某些案例只需一、兩次會談就夠了，其他的卻可能需要兩年的密集治療。如果危機干預小組在三、五次會談後就把病例轉介到其他專業權威那裡，問題就很有可能發生。在這種情況中，大家甚至在初次會談時就把重心過度放在該採取的行動上，而非過程本身。病人社會關係中的代表人物應在整個治療過程中（包括施用其他治療法的時期）參加治療會談。急性精神病危機的治療過程可以長達兩、三年之久（Jackson & Birchwood，1996）。一份探討西拉普蘭省開放式對話作法的研究（Seikkula 等，2003、2011）指出，有 65% 的治療在第二年結束時就中斷了。

　　確保心理延續性的一個作法是：把不同治療方法整合成一個治療過程，使各方法不致互相競爭，卻能互相支援。例如，如果某次危機會談提出病人接受個別精神治療的想法，這時我們只要邀請小組中的一位成員擔任個別精神治療師，就很容易確保心理延續性了。

　　如果不可能或不適合採用這作法，我們可以邀請一位精神治療師來參加一、兩次共同會談，再以會談所產生的想法作為個別治療過程的基礎。但精神治療師仍需偶爾受邀參加小組和家人的共同會談。之前，由於個別治療師不想參加共同會談，問題就

曾發生過，使得家人更不相信治療，繼而無法相信整合的治療過程。在面對兒童和青少年問題時，這是尤其需要我們多加考慮的問題。

容忍不明狀況

專業人士在危機中的第一要務是提高安全感，這是因為當時還沒人能了解實際狀況。接下來的目標是動員病人和其最親近者的心理資源，讓他們對自己的生命更能發揮作用，也就是讓他們為自己最難堪的經歷創造故事。建立他們對整合後之治療過程的信任感也能使他們更能發揮這作用。要在最嚴重危機中創造充分安心及信任感，至少在最初十至十二天內每天舉行一次會談是有必要的。之後，會談可以根據家人的意願定期舉行。大家通常在危機階段不會協商出詳細的治療約定，但會在每次會談時討論是否或何時舉行下次會談，因而避免了過早下結論或過早為治療做出決定。

例如，第一次會談不會提出固定用藥的建議；這個建議應在實施前至少倒數第三個會談時提出。我們將要討論的研究已經證實了這作法是有效的。

其他作法會有些微差異。在以疾病為導向的作法中，減少或消除症狀會被訂為早期治療階段的最主要工作，因此用藥成為必要，而用在精神病病人身上的就是抗精神病藥物。用藥對某些情況會有幫助，但也有風險：在影響症狀之際，藥物同時也移走了心理資源。抗精神病藥物具有鎮靜效果，會使心理活動安靜下來，因而可能阻礙心理運作。我們的挑戰就在於創造一個可以同

時增加安全度和鼓勵個人心理活動的過程。

　　除了實際上必須確保家人不會孤單面對問題外，增加安心及信任感也意指我們要在治療對話中創造一種大家都獲得聆聽的氣氛。在充滿情緒的危機中，小組合作是必不可少的。當一家人當中的兒子說他自己沒有問題、是他父母需要治療的時候，某個小組成員將可能更仔細聆聽他說的話，另一個成員則可能對無法制止他嗑藥而心情沉重的家人更感興趣。早在第一次會談中，小組就最好能找出時間來反思及討論這些不同、甚至對立的觀點。如果小組成員能彼此傾聽，家人間彼此傾聽的可能性也會增加。

　　專業人士如因急想舉行下一次會談而做出匆忙的決定，這將不太可能利用到家庭成員自有的心理資源。我們最好以開放的態度來看待問題，當時可以這樣說：「我們已經討論了一個小時，仍無法確定問題是什麼，也不知道下一步該怎麼做。但我們已經論及關鍵事情，我們何不保持開放態度，明天再談？」隨後，趕在明天會談之前，大家必須立即協商出一些具體步驟，好讓家庭成員有種感覺、知道自己在需要幫助時該怎麼做。

對話性

　　促進對話是最主要的重點，次要的則是在病人或家人身上造成改變。對話是論壇；藉由問題的討論，病人及家人對自己的生命更有可能發揮作用力。對話性交談是獲得新認知的前提；新的意義似乎就在討論者之間的那片空間中產生出來（Bakhtin，1984；Voloshinov，1996；Andersen，1995）。對專業人士來講，這一切能讓案主更加信任他們的專家身分。專業人士必須學

會對話場合所需的技巧，使他們的專業知識能透過對話與實際情況結合起來。

治療會談即是創造對話的論壇

治療會談是創造對話的主要論壇；在其中，問題的主要相關者與病人聚在一起討論實際問題的所有面向。所有計畫和決定也由在場的每一個人一起訂出。根據阿勒能的見解（Alanen，1997），治療會談有三個功能：（一）蒐集問題的資訊；（二）建立治療計畫，並根據交談中所取得的診斷做出必要的決定；（三）創造具有精神治療可能性的對話。會談的重點在於強化病人的成熟面向，並在討論中視病人行為為極端壓力所致的正常反應，而非僅視之為幼化行為（regressive behaviour）（Alanen 等，1991）。家人所說的話——也就是每個家人看待病人個別問題和整體情況的觀點——是治療的起點。每個出席者用自己的聲音說話，而且——根據安德生的研究（Anderson，1997）——聆聽會變得比提問（interviewing）更為重要。在家人面前，小組成員可透過討論來反思所聽到的一切（Andersen，1995）。

會談是透過開放式論壇進行的：所有參與者在同一房間內圍成圓圈坐下，由發起會談的小組成員主持對話。在某些場合，小組不會事先計畫由誰來主持問答，因而所有工作人員都可參與問答。在別的場合，小組則可事先決定由誰來主持問答；如果治療單位已習於用有結構的方式主持家庭會談，這方法可說最為適合。在最初提問時，要盡可能不預設特定答案，以確保家人和病人社會關係中的其他人物能開始談論當下主題，但小組不會事先

計畫會談的主題。打從一開始，無論案主說了什麼，主持者的職責就在配合案主所說的給予回應。往往，小組會以進一步發問的形式給予回應，也就是說，小組接下來會配合並考慮案主及其家人所說的話來提出問題。

　　每個出席者都有權利隨時發表評論。評論不應打亂對話的持續性，亦即說話者必須配合正在討論的主題發表意見。就專業人士而言，這意謂：在發表意見時，他們如果不是就正在討論的主題進一步提出探問，就是向其他專業人士提出自己對大家所言的想法。這樣的評論往往會導出新的語言，使病人能把最難堪的經歷描述出來。工作人員最好在會談接近尾聲前——這時家庭成員已把對他們來講最急迫的問題講了出來——才指出病人和家人有何該做之事。在確定會談已論及重要問題後，主持的小組成員會提議散會。然而，最好由案主自己提出結束會談的意見；例如，我們可以問案主：「我猜我們可以結束這會談了。但在結束前，我們還有什麼需要討論的事嗎？」在會談結尾處，簡單總結會談的主題是很有幫助的，尤其要提到大家是否已做成了決定或做成了什麼決定。會談時間長短不一，但通常一個半小時就足夠了。

落實採用對話作法

　　上述的開放式對話治療架構是種理想；在這理想中，整體架構的組成是為了使它能朝一致方向發揮功能，因而要求所有專業人士都採納相同的基本理念。前面簡略提到之初發精神病患的成效研究顯示對話作法的成效非常驚人——事實上它在歷來的精神病治療報告中也被證明成效最大。但目前地理就醫區仍無法全面

掌控治療架構的組成，因此設法推行西拉普蘭省經驗中的核心觀念確有必要。

在薇若妮卡和艾力克斯的治療方式上，我們可以看到亞科從托尼歐搬遷到相當不同之治療環境後的工作寫照。即使無法動用到一致運作的完整治療架構，對話作法仍是可能的。甚至在缺乏這類資源的情況下，開放式對話的核心面向似乎對任何治療架構來講都具有普遍重要性和可行性。前述原則中至少有三個原則似適合我們在實際工作中予以遵循：（一）立即回應危機；（二）打從一開始並在整體治療過程中，無時不把案主的社會關係納入合作關係；（三）創造一個具有足夠信任感的共享空間、容忍不明狀況並盡可能維持心理延續性。如果我們能遵循這些原則，治療架構才不致傷害病人及其家人；同時，即使在整體治療架構未完全採納開放式對話的情況下，我們也將能夠動用病人與家人自身的心理資源。

關於精神治療各節會談的進行，其主要挑戰也在於如何增進技巧以創造對話。一般而言，在多元聲音中促進對話是無法從特定問談技巧或干預方式的訓練當中學會的。事實上，使用某種特定問談技巧反可能阻礙對話，因為這不符合最基本的一個對話觀念，也就是：每個對話者必須配合他人方才所言來表達己意。個人也可藉多關心自己說話的方式來學會如何促進對話。根據我們兩人處理最嚴重精神病危機的經驗，我們提出以下建議：

● 務必讓每個會談者及早有機會說話。首先要做的就是要求每個人表達他們對現狀的看法。最初的發言往往都是數學中的單項式（monomial），因為都還未被其他參與者分享過。如

果小組成員表現出願意傾聽及尊重發言的態度，在場的人也會開始想要知道彼此在說什麼。如之前所言，在意見衝突或病人說出妄語的情況中，這點最為重要。

- 在最初表達意見時要配合別人說過的話。例如，在表達意見前，你可以逐字複述對方說的話：「你說爸爸搬走時，你覺得難過透了？」說後最好停頓一下，讓案主有機會想一想這是否是他／她想說的。如果是，案主可以從別人那裡重新聽到自己說過的話，因而可以想一想他人聽到這些話時的感受。這簡短的過程讓小組、家人、病人及其他出席者可共同建造一個語言區。在分享的語言區內，大家才可能在各種問題和有關治療的決定上取得共同了解。

- 不要詮釋或用「事實」來衡量精神病患的說法，卻要向他／她問取更多訊息，以了解其經歷。可以用表達意見的方式來討論精神病經歷。如果病人或家人希望在討論中把這些經歷視作疾病的症狀，那麼專業人士可以配合使用同樣的語言。此外，病患在說話時如問到他們的經歷是真是幻而希望專業人士回答時，可能的一個回答是這樣的：「我不曾經歷過這樣的事情。你能再多講一點，讓我更能了解你的經歷嗎？」

- 跟其他專業人士一起反思你的觀察和想法，如此就能創造出更多空間，來容納別種說法和解決之道。在這麼做的時候，家人的角色必須受到重視，因為現在所關注的與其說是預先決定治療方法，不如說是如何做出生命中的抉擇。如果家人說的是具體語言，你就必須配合著去說具體語言。

以上都應只被視為若干範例，而不是如何發問和表達看法

【第四章】 研究上的安排成為了第一線作法

　　我們在這一章中要討論湯姆的工作，主題是期待／未來式對話。開放式對話起源於精神病治療（psychiatry），特別強調如何在最嚴重危機中改進治療過程中的心理治療（psychotherapy）面向，但期待／未來式對話的起源卻非精神病治療，它也不是為心理治療而創的。它最初以化解多方參與之情境的混亂局面為重點——這些混亂局面都是圍繞著有多重需要的病人及家人而起，因為他們在同一時間內成了多方機構的案主。雖然我們描述了使用各方資源的作法，但我們並不認為對話作法只限用於多方參與的工作。正如亞科把開放式對話之原則運用於參與者較少之情境時所顯示的，對話作法可以有許多形式。期待／未來式對話的核心對話元素事實上也可運用在不同情境中。

　　亞科從第一線工作轉進到研究而最終將兩者結合起來，湯姆的旅程則是從研究走向實際工作，最後也結合了兩者[1]。

1　作者原註：湯姆在 1970 年代接受師資訓練而成為教師，但繼而從事了社會研究的工作。他的博士論文（1992）探討的是社會政策，檢視社會工作之推動所涉及的多個互界系統（systems of boundary）和兒童潛在發展區（proximal zone）之輔助開發的問題。他是芬蘭國立健康暨福利研究院的兼任研究教授。（譯註：「proximal zone」一詞出現於俄國心理學家 Lev Vygotsky 在 1934 年提出的學習認知論，謂兒童在認知世界的過程中不僅如 Piaget 所說單憑個人天賦以從事獨立的自然學習，同時也會面臨必須困而學之的認知領域。此領域即稱「zone of proximal development」或簡稱為

可實現的願望

　　人力單位的珞塔在社工安娜承辦的案件中提到：她從別人談論婷娜和其計畫的口氣中獲得信心，開始相信婷娜的誠意（見第一章）。她在那節討論結束前就在自己的行事曆上重新安排見面時間，讓婷娜在第二天可以跟她晤談兩個小時。湯姆事後問她：她通常會分出這麼多時間給一個案主嗎？答案是明確的「不會」。珞塔稍帶反諷地嘆說，在她工作的地方，連四十五分鐘都算是割捨下來的一大塊時間了。當湯姆問她為何對婷娜那樣特別的時候，珞塔的解釋是：她現在認為那階段花在婷娜身上的時間是有價值的，為未來省下了許多時間，因而值得投資。湯姆問婷娜的朋友萊拉：她是在期待／開放式對話之前、還是在那節會談之中打算和婷娜一起到戒酒中心並擔任戒酒小組指導義工的。她答道：「這些想法是自然發生的。我曾想建議我們兩人一起去找琵雅；至於當小組指導，我是當場想到的。」

　　在會談當中獲得新想法並非不常見，反而常常發生。冒出的想法有時前所未聞，有時漸具實質可行性。當人們有了想法、知道自己可能怎麼做的時候，其他人可用行動來跟這些想法連結起來。從理想未來的觀點出發、「回想」那些把人帶至這未來的具體行動、思索「彼時」的憂慮——這些做法可讓人發現新的觀點，用以思考及談論當下的願望和憂慮[2]。所做的計畫並非不存在於這世界；相反的，這些計畫真實存在於世界裡，因為它們是由在場者的具體行動——也就是日常生活中彼此相連、足以帶來改變的小小舉動——所構成的。而且，對話的目的不止於訂立計

畫；其主要目的甚至並不在於此。當大家傾聽別人所說、並把自己的想法及計畫連結到別人所說之事時，一種共同參與感會充滿會談室。他人的回應足以在心理上強化獲得回應的人。

　　安娜、婷娜、萊拉等人參與的會談是在一大群受訓學員面前舉行的，因此學員們在會談後立即對過程中之想法及感覺的演變做了一番思考。對湯姆來講，這節會談迄今仍是最值得他懷念的期待／未來式對話之一。在珞塔開始對婷娜懷有信心的那一刻，多少帶有焦慮的氣氛就開始變輕鬆起來。在許多人面前（更不用說在一大群觀摩的學員面前）談論個人的生命問題並非簡單之事。但一旦事情連成一氣，整體氣氛就明顯有了轉變，甚至一時間「湧出」了創造力。這情形即使在多少試過一切方法而認為改變沒有可能的討論小組之間也曾發生過。

　　上述作法具有一些可以打開對話空間的關鍵元素，但在點出核心之前，且讓我們先簡短回顧一下會談的基本架構。相較於開放式對話的作法，期待／未來式會談有個預設架構，其中包括兩個時段：從理想未來的觀點提問以及在當下把計畫摘述出來。兩個外來的主持人藉提問來引導會談，大家輪番做聽者和說話者，使每個人都有空間可以大聲說出自己的想法並在傾聽中產生豐富

　　ZPD，其中較難的學習內容必須透過人際互動——如師長的輔導或同儕的切磋——才能由學習者取得，是兒童漸進達到更高學習成就的主要途徑。也有台灣教育學者將此名詞譯為「近側發展區」。）

2　作者原註：這就是在對話中預期未來的作法；我們稱之為「期待式對話」，但它也已衍生成「未來式對話」，因此我們在此笨拙地用了一個合併名詞「期待／未來式對話」。

的內心對話。首先接受提問的人是案主／家人，問題則是依據三個把當前視為最近未來的基本主題提出的：

● 事情進行得還不錯，你覺得如何？

● 你做了什麼、誰幫了你、你怎麼獲得現在這成果的？

● 你「那時」憂慮什麼、是什麼減少了你的憂慮？

接下來，由專業人士從未來觀點接受提問，被問及兩個基本問題：

● 你做了什麼來支持這美好的發展、誰用什麼方式幫助了你？

● 你「那時」憂慮什麼、是什麼減少了你的憂慮？

會談接下來的第二個時段則用來訂立具體計畫：下一步該由誰跟誰一起做什麼。

由此看來，期待／未來式對話與開放式對話的確在形式上有明顯差異——開放式對話沒有劃分時段，也沒有外人或主持人，只有治療資源網中的成員，也不拿幾組固定問題來問參與者。但期待／未來式對話的架構和問答難道不會害及對話性、代之以策略性行動嗎？不會的；在某些情況下，當相關者或多或少都感到受挫時，會談的架構和其提問方式可以創造出尊重他異性的空間：

1. 首先，每個參加者從自己的觀點、並在主持人所提問題的協助下說話：什麼使你特別感到高興？你做了什麼使這些事得

以發生？你那時擔心什麼？是什麼讓你不再那麼擔心？這方式也能使用於非多人關係、甚至僅有兩人參與的情境中。

2. 另一個重要元素是未來觀點。但我們必須強調：期待／未來式對話中的理想未來不是憑空而降的，而是需要參與者努力以赴的。重要的是，要產生這觀點，我們必須將之擬想為大家累聚具體行動後所實現的成果。為訂出誰跟誰下一步做什麼的計畫，我們需要採取「日常」行動，而非徒有抽象想法；這些行動愈是生活化及具體，這計畫對每一個人來講就愈有實現的可能。主持人須專注聆聽參與者所說；雖然有好幾個參與者，但主持人會與每個答問者保持密切的目光接觸，「對我說話」的情境因而產生；家人及其他參與者在事後回想時莫不說到他們當時幾乎忘了還有別人在場。過程得以順利進行也有賴於主持人必須專注聆聽。要能「抵達」未來，他或她必須完全倚賴參與者的幫忙，以取得構成計畫所需的具體可行元素。如果參與者拒絕配合或只陳述抽象行動、卻不說他們自己能做什麼，主持人就會知道可用來訂立計畫的基本要素將不可得。在每個人為自己在所參與之活動中定位之際，主持人要聽到他們所透露的每一個暗語，並藉專注的問答鼓勵那在定位中產生的個人主體性。

期待／未來式對話以增加願望實現的可能性為目標。如果大家在會談結束時仍無法確定誰將實際做些什麼或是否有人將採取任何行動（很不幸的，此種情形總不斷發生在多方專業人士參與的工作中），這目標是無從達成的。

在行動之途徑和改變之希望都變得狹窄的情況下，相信未來可以想像而去思考未來是必須邁出的一大步。要在挫折感籠

罩的情境中發現正向轉變的可能，我們必須提出生活化的具體行動。主持人問的不是：「假設現況不錯的話，你會為什麼事感到高興？」而是友善並堅定地問：「一段時間已經過去了，現狀相當不錯；有什麼事是讓你特別感到高興的？」[3] 理想未來的觀點有助於我們用創造力來構思具體行動。如果一開口就說「喏，我們正陷在一堆問題中，你想怎麼辦？」，那麼重蹈過去一錯再錯之路必然無可避免。以理想未來為出發點並認為這未來可以想像，同時認為它只能在每個人都採取行動的條件下才得以發生——這樣的作法也出現在非治療資源網的人際交遇中。

3. 創造並保護對話空間在期待／開放式對話中具有最高重要性。有助於此的作法也有助於人數較少的對話情境。如之前提過的，必須讓每個人從「我」之立場來說話。關乎未來的多方主觀觀點可以使未來觀點具有複調性。如果一個聲音當道，其他聲音就會被邊緣化。把眾聲音邊緣化的一個常見方式就是試圖「呈現」人們對事情的一致看法。一致看法不是個人看法，與真實生活中的個別行為人無關。沒有所謂的「家人看法」；如果有，誰是那代言者？如果有某人表達了什麼，他也只表達了他對家人看法的個人看法而已，因為家人看法實際上無法以共識形式出現，而只能以萬花筒形式出現。由專業人士繪出的理想未來會更隔閡於真實生活中的行為人及其看法。一致看法會埋沒各種聲音。因此，專業人士不會被要求提出關乎家庭未來的看法，因為被討論的不是他們的家庭。他們會被問到的是：為達到家人所描繪的理想未來，他們會採取什麼行動？

要保護觀點的多聲形式，我們必須避免用取得共識的方法來描繪未來，而須無條件接受並聆聽每個聲音。有時某些參加者會覺得這很難做得到；這時主持人能幫大家做的就是堅定但溫和地指定誰來說話、誰該傾聽，並鼓勵說話者站在自我的立場說話。

在構想美好未來時，非關治療資源網的情境也能培養出由主觀聲音組成的複調觀點；甚至在一對一的交談中，人們也能因不搓合看法而保護對話空間。

4. 期待／未來式對話為內心對話提供了充分空間——事實上，這作法最著重的也就是內心對話。如果你不同意別人的話或認為他的看法偏頗不足，你會很難當個聆聽者。參加者常在事後說：他們必須咬住舌頭才能把意見吞回肚裡，但一旦聽到他人講出更多事情後，他們漸漸就能遵守「規則」並開始聆聽，也開始為自己開啟了更豐富的視野——這是打斷別人的想法以表達一己之見時不太可能發生的事。發表意見不僅會打斷外在對話，也會打斷個人的自我對話。然而真正發生在期待／未來式對話中的就是密切進行於聆聽者心中的自我對話。當然，說話者也會有豐富的自我對話，但說話情境不同於聆聽情境。主持人會在節骨眼上逐字重複說話者的話，以促使說話者從事自我對話，使各方都能了解自己和別人的想法。

3　作者原註：令人驚訝的是，家人很容易掌握這「未來」工具，也就是思想實驗中的未來觀點。有些專業人士倒總是拘泥在問題及以往的過錯上。

「咬住舌頭」並遵守規則、不打斷他人說話——這不僅對主持人的要求表達了尊重，同時也代表參加者願接受他人具有他種聲音的事實。在一節會談中展現在大家眼前的事實是：即使組成元素相同，每個人的觀點仍然會南轅北轍。女兒的觀點、兒子的觀點、母親的觀點、父親的觀點、阿姨的觀點、祖父的觀點——這一切觀點怎可能相似？再說，不同專業人士從各自的職責窗口看這事時又怎可能看到相同的光景？處身在複調情境中並參與其中，這可以強化個人密切的自我對話。個人想法會變得越來越豐富，但不會與人趨於一致。這種經驗甚至有可能強化參與者的對話姿態，使他們尊重並關注他者的他異性，願更了解他者的獨特看法，並隨時準備好貢獻自己的想法，以與他人共同為各種情況和未來途徑描繪出多面向構圖。

5. 在其他情境中具有潛在用途的另一個重要元素是思考個人的主觀憂慮。期待／未來式對話作法不討論各種問題，其用意當然也是為了保護和尊重他異性。如果參與者開始判定問題何在，鳥瞰式的綜觀意見、缺乏主觀敘述和見解的共識說法就出現的危險。在尋求一致的問題見解時，我們會忽視一個根本事實：有多少人存在，就有多少問題存在——會有安娜的問題、婷娜的問題、萊拉的問題等等；它們會連結成不同的組態，但不會成為由共識所確認的單一問題。婷娜的問題或許跟戒酒、撫養小孩、就業、財務有關，但安娜不會有這些問題；她的問題與她身為社工專業人士如何處理這些問題有關。為了能夠多採用人性觀點、而非飛鳥的觀點，我們最好鼓勵人們說出他們的主觀憂慮，而不要去判定問題

何在。不過，根據我們的經驗，事情的問題面向仍是不容忽視的，以免它們除了危及理想未來的實現，也會使當事人最終無法透過可信的願景來增加自信及自助的能力。但無論如何，承認問題存在並不會要求我們去判定問題，尤其不會要求我們為問題提出缺乏主觀意見的共識說法。如果人人都能在面對各項問題時把自己的難題說出來，那不具真實感的鳥瞰式說法就不會發生。因此，何不各自把主觀的憂慮說出來？說真的，主觀憂慮來來去去、變化多端，可是問題的判斷卻常固定於一種說法。而且判斷問題總會引起爭論，但主觀憂慮卻不容爭論。我們沒有必要去爭論他人是否照他／她自己所說的在那憂心不已，卻必須問他或她為何憂慮，藉此打開對話的大門。

在非多人的關係情境中，討論主觀憂慮而不判定問題，也能開啟對話空間。

6. 期待／未來式對話是以非常具體的計畫為目標，而這在其他情境也是如此。但計畫不是一個堅固的「樊籠」，非要我們尊重它每一個細節不可。它事實上只是第一個步驟；雖然它討論了長遠之計——也許一年，也許不到一年，甚至也許兩年，一切由參與者來決定[4]——但決定誰跟誰下一步要怎麼做才是它的重點。然而，至少在最初確定採用期待／未來式對話、有多方專業人士參與的對談中，重視計畫的後續部分

---

4 作者原註：要能一起用未來觀點決定所需時間之長短，一個簡單的方法就是在正式提問前問人：你認為你在何時可以見到事情轉好或憂慮減少？兩個月、六個月、一年……？

也是必要的。「協助」很容易在整合不佳的服務體系中因下列原因「潰散」無形：人事和組織的變動、工作人員負荷沉重、只有少數幾個相關者加入共同行動、案主／家人可能最後只遇到一個願意擔起責任的工作人員（他或她在試圖整併共同行動時，其他資源網的成員多半懶於搭理）。追蹤式會談──如安娜、婷娜和其他人所參加的──是計畫中必要的一個里程指標，其目的之一就是要協助專業體系的成員堅守工作承諾。

不要勸誡別人

我們可用一句勸誡來總括期待／未來式對話之主持人須有的素養：不要勸誡別人！主持人的職責在於創造和培養對話空間；如果他們開始勸人，他們就會失去案件局外人的立場，因為案件中的各當事人通常本就缺乏互信而彼此瞧不起對方。勸人的主持人會因此成為「圈內人」。主持人要管的不是案件本身，而是在為會談建立架構，讓每個參與者都獲得被人聽見的機會。位於各部門和各機構（agencies）間的無人地帶是沒有現成社會秩階的，因此無人可被視為當然的領袖。主持人主導會談的進行，而非案件的處理。

經過訓練的主持人知道如何運用未來觀點。他們提出的不是定型題目，而是與主題問答（theme interview）[5]中的題目類似者。主持人可用不同方式問那些與理想未來有關的問題，並在實際對話情境中創造若干方式，用以鼓勵參與者思考並表達他們的希望與憂慮，使他們更能被人聽見並同時得悉他人的想法和說

法，進而為實現願望及減少憂慮訂出行動計畫。

以日常生活為主

　　「從未來看現在」只是手段，而非目的。由於專業協助將以支持日常生活為目的，人們可在主持人的引導下去想像未來日常生活中各項（令人愉快的）事情。使用日常話語、避免專業術語是很重要的。在問談中，人們不是體制內的人物或角色（小學生、病人、案主），而是間或跟教育機構、醫療機構、福利單位等打交道的平凡度日者。專業人士會在期待／未來式對話中取得豐富並可結合的想法；他們先向案主個人資源網中的成員發問，以發現可提供支持的具體介面點（fixing points）。

　　回想未來與我們的日常溝通有所不同，因為幻想是其特點之一。把未來當成「工具」可讓人充滿創造力，使參加者常會隨機表現出機智風趣的一面。雖然回想未來帶有遊戲性質，但它不是遊戲。它是種訪談方式，用適當方式把當下感到的憂慮、較好未來的願景、彼此協助的願望標示出來──在如此一一標示之時，當下的對話過程就足可讓大家對未來充滿了希望。正如之前所說，述說憂慮也非常有益於創造可實現的願望。如果憂慮和減輕憂慮的方法沒有像在航海圖中一樣被標示出來，個人在主觀上就不會對計畫寄以厚望。這不僅對家人和個人資源網中的其他成員

5　譯註：應指 theme-centered interview，其中的答問者有機會就不同題目詳述自己的觀點和意見，非僅答覆事先備好的固定題目。

來講是如此，對專業人士來講也一樣。

我們在安娜和婷娜的例子中看到：一旦有了信任，所有元素就會完美地結合起來。然而，我們不可勉強把元素湊合在一起。即使主持人覺得可以用膠水把點點滴滴的行動黏結成一個絕佳計畫，他或她仍須咬住自己的舌頭。把「原物料」混合起來只會窄化對話空間。在促進具有創造力的對話空間時，我們必須確保沒有人「被逼到角落去」──也就是說，沒有人覺得自己被迫去接受別人在「回想」中提出的行動做法。所敘述的未來故事不必是共同認可的故事；「回想」形式帶來很大的空間，可容納多人的想法。主持人用「在你記憶中，這事情是什麼狀況」之類的問題創造這種空間，回應者因而有機會說：「我記憶中的事情不是這樣，也就是說……好像……」事實上，當事人把回想形式所給予的機會當成了一種工具。我們在期待／未來式對話中可以觀察到的一件事是：當事人會從一開始的不解其意進步到把未來架構當成溝通的工具。如果大家說的話必須像千片拼圖一樣各就其位地榫合在一起，那麼對話精神就幾乎不太可能出現。我們需要呼吸的空間和多聲複調的可能性。

有位母親就曾巧妙地利用這回想形式。當她想起專業人士為了讓她能支持兒子而助她一臂之力時，她說：「由於老師在『一年前』的對話中聽見事情進行得很好以及許多人為我們家提供了實質幫助，他就不再像以前那樣常打電話給我；這對我來講特別有幫助。」後來輪到這位老師被專業人士發問的時候，他說：「在我『一年前』聽到男孩在一切事情上都很有進步、他的家人也獲得很好的支持之後，我就不再常打電話了，因為我不用再擔心了。我隨家人的意願，讓母親間或打電話來告訴我情況如何。

這對我很有幫助。」

　　兒子在某次會談中讓大家大吃一驚，也讓正在當主持人的湯姆甚感意外。那天的問談從兒子開始；身為單親的母親——以及在場的專業人士——聽見男孩說：「一年過去了，事情也發展得很好，我現在是技職學校的學生。」母親的下巴一時間掉了下來。當男孩繼續說他為這成果做過什麼努力、以及他曾從母親和其他人那裡獲得什麼支持的時候，母親更是張口驚愕不已。湯姆問他：「你『一年前』擔心什麼？是什麼讓你不再那麼擔心？」他回答說：他「一年前」擔心母親從來都不聽他說話、只會一昧指責他什麼事都不做。湯姆問：「是什麼使你不再那麼擔心？」「是有一次母親終於聽見了我要什麼。」湯姆問：「這是什麼時候發生的？」男孩說：「是『一年前』你問我問題的時候。」

　　期待／未來式對話所獲得的回饋都極正面[6]。但時時都成功的事是不存在的，而且「成功」可以有不同的定義。在某次期待／未來式對話中，從監獄請假出來參加會談的丈夫說了讓人十分感動的話：「我從不知道你們這些人是支援者。」主持人事先向母親和她丈夫問了理想未來之類的問題，然後又問專業人士要如何支持這理想的完成。做丈夫的以驚訝的神情聽著，眼睛輪流打

6　作者原註：在訪問曾參加過期待／未來式對話的家人後，麗塔莉莎・寇可（Riitta-Liisa Kokko）在記錄中（2006）提到一位母親令人驚訝的回饋：當寇可問她是否覺得這對話作法有幫助時，她回答：「是的，但一切都還言之過早。」會談發生於一年以前，但問這作法是否有效竟然被認為有點操之過急！母親解釋說：一些被討論到的事仍在進行之中，因此一切都還言之過早。的確，案主不會在期中觀感內提及方法或作法的；對他們來講，甚至連最令人滿意的一場對談都只算是生活瑣事一椿，而非重要生活事件。

量著專業人士，繼而用嚴肅的口吻說出上面的看法。透過合作來提供支持、藉之避免將孩子們送到監護單位的這個計畫可說具體可行，因此大家在離去時莫不面帶笑容，甚至包括這個丈夫在內（雖然他正要返回監獄去）。然而到了後來某一天，孩子們還是被送去了監護單位，因為這對夫妻仍繼續嗑藥和販毒，做丈夫的甚至從監獄指揮販毒之事。社工說當時這狀況讓她較容易做出決定。她在過去很長一段時間內曾努力且失敗過無數次，如今連最可行的計畫都失敗了，讓孩子們身陷危險之中。她如今確知自己有必要採取另條途徑。

多方參與所致的混亂

在安娜、婷娜和其他同工參加的那節會談中出席的受訓學員來自不同的人際工作領域：社工、教師、心理治療師、心理輔導員、日間托兒所人員、家庭醫生。透過訓練，他們將可成為期待／未來式對話中的主持人，為專業體系服務。當芬蘭各城市分別致力於創造及培養對話作法的文化時，此種訓練即為這過程的一部分。訓練各方專業人士組成的小組在多方參與的情境中合作，可說大大改變了各自為政的工作方式，但它本身並無法擔保改變可以持續發生。我們將在第九章和第十章回頭討論持續性所面臨的問題，但在此我們先要細究一下為什麼期待／未來式對話的作法會產生。

第二章描述了麗莎及其家人所面臨的精神病危機以及以對話來回應這危機的一個專業小組。西拉普蘭省的危機小組跟家人一起決定每天舉行會談，並依需要來決定為期之長短。他們在最初

兩個月內共舉行了九次會談。在社工安娜及婷娜的案件中[7]，於所需期間內每天舉行會談並持續數月之久不但不可能，也無必要。（人力單位的珞塔會怎樣回應這建議？對她來講，四十五分鐘已經是一大塊被割捨的時間了！）婷娜並沒遇到緊急危機，安娜也沒以「立即危險」為說詞來召開第一次面談。她只是在預想未來時對孩子的福祉和她自己的社工責任充滿了憂慮，因為可能的助力並不在她的掌控之中，也無法互相結合起來。多單位參與的資源網圍繞著同一個案主，但進退不得──這狀況就是期待／未來式對話最初得以發展成形的主因。這狀況多與「長慢性」（而非緊急）問題有關，其中的相關者甚為憂心，甚至懷有深刻挫折感；他們在過去一段時間內很可能早就以不同的組合舉行過多次會談。

安娜、婷娜及其他人所參與的會談或類似的會談一般需時兩個半小時至三小時。要讓忙碌的專業人士為單一案子抽出這麼多時間來，是需要相當說服力的。然而，若非用許多時間面對面會談，他們不可能有所斬穫。在專業體系中，每個成員都從自己佔有的一席之位擁有一個觀看位置（這非僅比喻之詞）以及一個必然狹隘的視野。而且，很少有專業人士會見到所有家庭成員，更不用說見到案主更多家屬中的任何一人或其個人資源網中的其他重要人物。如果安娜（或另一個人）想費點工夫去認識案主個人資源網或專業體系中的成員，並去與他們每個人進行個別訪談，安娜會因此取得豐富的視野和豐富的自我對話，甚至可與每個人

7　作者原註：安娜是會談的發起人；由於她想減輕自己的憂慮，就讓我們稱之為安娜及婷娜的案件吧。

進行有意義的對話。但除她以外，沒有別人能夠擁有那份多聲複調的全觀。抽出時間並讓大家一起面對面會談，這才會讓每個人都能取得這份資源。更重要的是，合作只會在對話中發生，而且就在對話進行的此刻此地以進行式發生。

為了更能了解這作法發展出來的背景和原因，請思索一下你曾否遭遇過如下的狀況：

— 你知道或直覺到別的專業人士在某種程度上跟你處理的案件
  有關，
— 你預期事情將不會照你所希望的方向進行，
— 你會樂於接受更多協助並見到相關各方更能充分合作，
— 你感覺自己無法確知正在發生什麼事，
— 你覺得別人的所為會對你想做成的事有不好的影響，
— 你樂於見到整體狀況更能獲得控制。

如果你遇到過這些情況，你可說曾處在「灰色憂慮地帶」；在那裡，除了你知道自己感到憂慮外，沒有什麼清晰可見之事。要把必要的人找來見面並進行討論並非容易之事；即使做到了，會談仍有可能成為試圖控制他人想法和作法的場所。

湯姆和他的同事愛莎‧艾立克森創造了一個工具，使用比喻來幫助人際工作者在遇見堪憂情況時能設法做些處理。

我們在此要強調：這個使用比喻的工具講的是人際關係中的你。覺得自己位於某「地帶」的不是別人，而是與他者打交道的你。憂慮是你在預期未來時發生的，不是不變的現象，而且也絕不是你「針對之對象」所具有的特徵。客觀主義教育理論所使用

圖一：主觀憂慮地帶（Arnkil 及 Eriksson 製作）

無憂慮地帶	小憂慮地帶	灰色地帶	大憂慮地帶
人際關係無慮	略感憂慮或不解、相信自己或能提供支持、想到自己需要額外資源。	憂慮漸增、對自己能做什麼漸無信心或失去信心、明顯感到自己需要更多支援者及控制局面的人。	持續的強烈憂慮（孩子／案主／病人有危險）、用盡了自己的資源、亟需更多資源和控制局面者、亟需改變孩子／案主／病人的情況。

的策略模式（objectivistic strategic paradigm）很容易淪為一種工具，用來把對象——學生、家長、案主、病人——劃分為幾類。實際上，這種事情就發生在芬蘭：全國各學校興沖沖地舉行會議，把學生分為「小憂慮學生」、「灰色地帶學生」等等並記載在學生名冊上，無視憂慮是師生關係中會改變的主觀預期。他們僅僅從網路上挑選了這工具，卻忽略書中特別強調的他異性——在你面臨的堪慮情境中，你可以做什麼來創造對話？湯姆在電視和其他媒體上試圖遏止這種危險情況；他指出，用這方式登錄學生的名字不僅無益和危險，而且違背法律。我們將在第九章再來討論文化改變的問題。

　　我們之前曾要讀者想一想「灰色地帶的情境」。你是否也曾遇過使你極感憂慮的情況、害怕不好的事情會發生在你接觸的孩子／案主／病人身上、而且也沒多少可容你繼續浪費的時間了？這些都算緊急情況，當然不容你按步就班去組成一個要在未來一

整年進行對話的資源網路，反而要你採用危機情況所使用的開放式對話作法。如想進行很好的未來式對話，你得再等上一段時間才能做到。

　　或者，你是否曾經或正遇到小小的憂慮、略感不解或不安、但覺得自己仍可訴諸許多足以改變作法的可能性（例如，你或認為家長或同事有可能提出重要的意見）？這類情況顯然不需藉由廣泛資源網來採取行動；用對話方式面對憂慮（如第三章所描述的作法）倒是較為有用的預防作為。

　　毫無疑問的，我們在與人打交道時多半不會遇到堪慮情況。我們做對的事，別人也一樣，彼此經由合作而使工作得以進行──進行得如此順利，以至我們甚至不會想到合作是透過什麼方式進行的。

　　雖然我們可用圖示來指出最適合各個地帶的作法──用面對憂慮的方式處理小憂慮、用期待／未來式對話處理灰色地帶、用開放式對話處理大憂慮──我們仍須在所有情境中創造出具有彈性、能促進參與者彼此回應的對話形式。如我們在前一章所說的，開放式對話的核心元素也可經由創造力被運用在其他情境中，甚至因而發展出新的方向。我們描述了薇若妮卡的案子──她有憂鬱症，但並未處於緊急危機中──並指出原先根據西拉普蘭省之小組經驗所發展出來的一種作法及其關鍵元素。不以策略為取向的開放性對話在所有「地帶」都是必要的；藉對話以面對憂慮的作法不會僅適用於小憂慮情況。如果我們尊重他者的他異性並在自己與他人打交道的過程中負起責任，我們就不會躲在「一切都沒事」的表象後面，任身體語言把憂慮洩露出來，讓他者在接收混亂的訊息之中更無法了解狀況。我們也不會偷偷地把

憂慮「託付」給第三者——如社工——然後躲起來。然而，重點也非在於一字不差地遵照指導手冊來表述自己的憂慮，卻在於誠心請求幫助與合作。用「我」之觀點坦述憂慮並邀請他人採取共同行動，這在許多非策略性作法中都行得通。期待／未來式對話教給我們的一些重要功課也一樣可適用於範圍甚廣的各種情況，不限於情況不明的「灰色地帶」。在所有打交道過程中，設法擬出可以實現的願望是非常重要的。我們確實擁有無數作法，可用來確保主觀觀點獲得應有的空間和尊重[8]。

多個機構在提供協助時因各自為政而導致「難纏問題」，這就是使他們面臨複雜情況並來到灰色地帶的主因。沒有共同架構可以處理那些與各公務單位都有關係的問題，以致於：當整個體系遇見多面向的全方位狀況時，原本應該明確的工作劃分卻變得模糊起來。為了「馴服」難題，公務體系會把完整的日常生活內容劃分為幾種類項，以便編派責任。但是——舉例來說——當某個情況牽涉到面臨潛在危險的小孩、嗑藥或酗酒問題、個人因缺乏職業訓練而陷入財務危機並因此無法與人在職場競爭時，誰該負責處理這情況？社福機構的社工加上一位兒童保護人員很有

---

8 作者原註：由 Edward de Bono 設計出來的協商方法「波諾的帽子」（Bono's Hats）（http://www.debonothinkingsystems.com/tools/6hats.htm）就是一個頗具啟發力的方法，可助參加者表達並討論各自的願望和憂慮。戴上黃帽時，參加者用正面觀點看事情；戴上黑帽時，他們用負面觀點。由於所有參加者都需說出他們的正面及負面觀點，沒有人會成為滿腹牢騷、破壞氣氛的「壞蘋果」。（帽子還有其他顏色，代表其他看事的角度。）這裡的重點是：在某些情況中，某些行動方式可以促進對話，但對話卻不可被簡化成任何個別行動方式。（編按：讀者可參考劉慧玉譯〔2010〕，《6頂考帽：增進思考成效的6種魔法》，台北：臉譜。）

可能會捲入此事，但藥癮診療中心、人力單位等等也很有可能加入，因而出現了那位與多個機構都有關係的案主，但她卻被置於各部門之間的三不管地帶[9]。我們就是在這種狀況中遇見婷娜和她的協助者——以及對話之必要性的！

　　家庭討論、一群商討如何做決定的朋友、地方協會會議、工作會議、老師與家長的會談、家庭治療、多人討論會等等——這一切在沒有憂慮或憂慮極少的情況下多少都能順利進行。多方專業人士或多方機構參與的情況卻通常導致充滿憂慮的情境，使對話性之可能從其中消失。讓我們檢視一下常見的某些現象，來說明有哪些挑戰促使大家終須採用期待／未來式對話作法。

互表立場

　　超越組織界線以整合工作已越來越形重要，因而跨界協商的討論會數目也以倍數不斷增加。這代表的是：三不管地帶的情況——也就是相關單位彼此關係欠缺明確界線的情況——正越來越成為普遍現象。如葛雷果里‧貝特森所指出的（Gregory Bateson，1972），人們溝通的不僅是問題，也是彼此的關係；用的不僅是語言，也是非語言（聲音的緊張度、手勢、表情等）。人們溝通的不僅是「問題本身」，也在傳達正試圖判斷問題的自己是誰——他們在為自己設定立場。然而設定立場不是單方面的行為。他人會如何回應？當某人站起來討論問題時，他或她無可避免會把自己判斷問題時所持的立場以暗示方式（很少會以明講方式）傳達出來。如果相關各方對問題和彼此關係有一致看法，討論就可以順利進行。如果相關各方對問題持有不同看法、但大家仍然

尊重他人在判斷問題時所持的立場，那麼即使有打斷的情形，這些情形也不會太嚴重。一旦相關者你來我往地嘲笑他人對問題的看法並輕蔑他人的判斷力，麻煩狀況就發生了。大聲認可或嘲笑他人的能力是沒有必要的；用某種方式接納或摒除某人的看法就夠了。這在決定性別地位時——男女的意見有相等的被接納機會嗎？——是必須關注的重點之一。

尋找盟友並衡量承諾

有另一原因會使多方參與的情況變得複雜：它們豐富的複調性。參加者不是一次只針對一人發表言論，還會同時向所有其他人傳達一些「訊息」，因此會不斷往多個方向傳達自我的立場。如果這時有人想一言概括大家所言的憂慮，那麼想控制場面的願望就會隨之產生，對話精神也會隨之受到挑戰。

要完成事情就必須合作，而大家在互表立場時自然也會心照不宣地或用明講的方式協商盟友關係。然而結盟有賴於各方是否對問題至少在某種程度上有一致看法，因此判斷問題也成了結盟或棄盟的關鍵所在。一種判斷會指向一種盟友關係，另種判斷則會指向另一種。如果問題被認為與醫療有關，責任就會歸到某些

9　作者原註：根據 Evan Imber-Black 的觀察，具有多重需要的家庭會被不知所措的專業人士冠上「多重問題之家庭」的標籤。如果我們用較恰當且較不使家庭蒙上恥辱標籤的觀點，這些家庭應被視為「多機構家庭」，因為它們處在各有擅場之不同機構所共與的複雜運作之間。這複雜性乃是最重要的重點：我們當如何合作以強化家庭可運用的資源、藉以逃離這撲朔迷離的困境？（Imber-Black，1988）

所在。如果問題與人際關係有關，責任又會指向另些可能的夥伴關係。如果問題被發現與財務困境或學習態度有關，責任的歸屬和可能的盟友也會隨之改變。安娜及婷娜的案子在同一時間內指往了所有這些方向。

多方參與之情境中的有關各方或會希望自己能加入夥伴關係，但也會不希望加入。他們未必想在自己現有案件的負擔上再另添沉重的壓力。人們會衡量自己的承諾：這事對我有多大約束力？因此，多方參與之情境中的緊張場面多發生在尋找解決方法和衡量可能壓力這兩件事之間。我要承諾多少才不至於壓垮自己？當專業人士或多或少感覺疲憊並面臨所屬機構縮減人事及經費時，他們也許會爭著去擔起責任，但也極可能想要控制案件所加在他們身上的負擔。在避做承諾時，人們會設法不去分擔憂苦者的情感負荷。麗塔莉莎・寇可在研究芬蘭多方專業人士參與的身心復健工作時發現：會談中所達成之「分擔責任」的協議往往意謂了無人會負起責任（Riitta-Liisa Kokko，2003）。許多追蹤研究都揭發了案主從資源網之漏洞掉出網外的事實。

指定由誰當主控者

如我們在第二章討論到的，如果預期得到不好的回應，人們就會遲遲不把憂慮說出來。大家都不想被人看成「控制者」，寧可保持低調並把這種權力派給別人：「等爸爸回來的時候……」，或者──在專業人士的世界裡──「至少在我跟案主／家人建立更穩固關係、足以讓我能『擔當』更明顯的主控責任之前，應該由警察或社工……」。

　　然而，值得注意的是，我們不可能建立一個完全與權力無干的關係。米歇爾・傅柯[10]主張權力關係是無所不在的：「權力關係存在於整體社會的所有建制之間、男女之間、家人之間、師生之間、有知識者和無知識者之間……」（Michel Foucault，1980，頁 187）。如果這是真的，我們是不可能踏出權力關係的，只能心存戒慎：「權力關係的本身沒有好壞之分，但它具有危險性。因此我們必須從各方面來思考如何用最好的方式疏導其力量」（Foucault，1983，頁 96）。

　　對話關係也是權力關係，因此我們有必要仔細思考如何用最好的方式疏導其力量。公開面對憂慮、藉鼓勵共同行動來打開主觀觀點的空間並避採改變他人的策略性行動──這些做法也都是在不對等關係中施展權力，但我們承認並尊重這不對等關係。

　　當多方參與之情境中的成員為自己和他人定位時，他們同時也為誰要負起控制責任給自己和他人設定了位置，而判定問題即為其中的一個關鍵。例如，我們可以判定某一案的問題在於孩子面臨風險，因而責任開始指向兒童保護人員。也許某些參與者自認可以利用這個判定來藉機置身事外，因而熱忱支持這個判定。如果其他人也加入支持的行列，社工人員便會面對一群結盟者；這群人會用堅定不移、集體權威的口吻聲稱：這案件絕對是孩子面臨危險的案子，因此絕對是保護兒童之社工的責任。在試圖說服社工時，他們使用了非常有效的一招，也就是聲稱這問題的判斷具有客觀性。

10　譯註：米歇爾・傅柯（1926-1984）為著名法國後現代主義哲學家及文學批評家。

　　為了更能了解多方參與之情境在創造對話時所面對的挑戰，我們方才已經討論了互相定位的過程（大多時候用心照不宣的方式）、尋求盟友及衡量承諾、以及指定由誰負起控制之責。表面看來，大家在判斷問題時會互做討論；但他們未必會用言語來討論各自的立場、結盟和承諾，只是這些仍然會透過一字一句的話語流露成形。

力求客觀

　　許多時候，在判斷問題時，參與者會力求謀得似乎只有高空飛鳥才會擁有的全面觀點，也就是「客觀」觀點。我們總認為不夾雜主觀偏見的客觀看法會比個人所見更具有約束力。很自然的，站起來替客觀看法發言時，人一定會竭力宣示某種立場。然而，由於在人際關係的世界中只存在著各自佔有獨特位置的主觀觀者，客觀看法根本是不存在的。會有較正確和較不正確的判斷，比如症狀和其成因的診斷，但診斷者和被診斷者都各有自己的問題（其中之一苦於病症，另一人則須面對只有主治者才會遇到的挑戰）。問題可能彼此有關，但要獲致較客觀的看法，所有相關者（個人人際關係以及專業體系中的所有重要人物）的問題都須被納入考量。發生於資源網中的對話就在做這事情，不會企圖用飛鳥的觀點看到全貌。

　　作為個人生命之主體的我們有必要考量客觀事實，但客觀事實對不同主體代表了不同意義——這就是一個客觀事實。主體不可能擁有客觀看法，因為有看法就必有觀看者。但「主體根據他們的觀點取得看法」卻是不爭的客觀事實。在詮釋

學（hermeneutic philosophy）裡，客觀即意指相對主體性
（intersubjectivity）[11]。

　　堅固的結盟有賴於堅固的連結。但在多部門參與、眾見不一
的工作環境中，沒有人有能力去把各種想法堅固地凝聚起來。提
出「客觀的問題判讀」並用以約束參與行動的人，這在位階井然
的機構中稍稍較為可行。但正如布魯諾‧拉圖爾所指出的（Bruno
Latour，2002），由於關注點不一以及缺乏聯繫，參與者會各自
詮釋那被提出的客觀判斷——他們總會基於自己的「轉譯」來接
納某些想法、工具和觀念，把意義扭轉到與自己的關注和目的相
符的方向，藉以控制他人而讓自己可因此不用作太大改變。比起
跨界的多方參與情境，這種作法所賴的必須是遠較牢固的權力關
係。然而，在跨界的多方情境中，也一樣常有參與者企圖做主控
者並圖謀單方控制局面；他也許會為問題建議一個所謂的客觀判
斷，卻直接或間接地指出他才是權威和專家。不過，別人也往往
會對他報以噓聲。

　　奇特的是，案主如位於社會最邊緣，處理案件的工作人員也
常會在多方參與的討論中發現自己處在邊緣位置上。如果案主在
社會上較有發言權，工作人員也就較不會遭到邊緣化。我們必須

11　作者原註：由於已徹底清除了主觀偏見，經過考驗的知識對於做成正確評估
　　是不可或缺的。然而，當某個主體獲得這種知識時——即使他或她在其領域
　　中最富有謹慎的客觀精神——他或她還是會對這客觀的資訊來源形成主觀詮
　　釋。俄國心理學家 A. N. Leont'ev 指出（1978）：文化意義（如科學論文中
　　的主張）在被提出時都具有主觀意義。主觀意義如何形成以及其內容為何，
　　都非這裡所說的文化意義所能決定，而是由主體的生命活動所決定。即便取
　　得了最客觀的事實，正從事某種活動的主體仍會透過其活動將這樣的事實轉
　　化成主觀意義。

探討一下同構模式（isomorphic patterns），也就是說為何相同的互動形式似乎總會橫移到其他關係中。

同構模式

　　與案主／病人打交道時遇到複雜互動模式的專業人士會聚在一起討論他們的案件。在這麼做的時候，他們曾經遭遇的互動模式也常會出現在他們自己的互動之中。造成這情況的一個主要原因就是認同（參見 Stanton & Schwarz，1954；Sachs & Shapiro，1976）。這並不能被視為專業人士的缺點，但它會在多方參與的情境中製造奇怪的局面，甚至僵局。

　　在 1980 年代晚期，亞科及他的同事馬庫・蘇特拉（Markku Sutela）分析了在醫院（小組）與家人間之介面上發揮作用的互界系統[12]（systems of boundary），並分析了可能「克服」系統界線的互動過程（Seikkula & Sutela，1990）。醫院小組雖然名為治療小組，但其工作並不以治療為主，卻更著重在能否把組織、彈性和多面向思考帶入小組人員的互動中。同樣有可能發生的是，醫療小組會一頭栽進家人對應危機的方式內，也就是後者面對危機及危機所致之煩惱的方式。互界系統分別自有的內部互動模式很有可能互相交流而形成兩個系統共用的唯一模式。在此，就醫療小組與面臨危機之家人會談的例子來講，我們合掌祈求他們共創的模式不會是危機最初發生時家人互動模式的複製品。

　　湯姆在 1990 年代用系統界線的概念（system boundary concept）來分析三不管情境，也就是幾個不同單位及其專業人士因共同案件建立關係的情境（該案件與社會工作有關、特別著重

於解決小孩面臨危險的問題）。如果專業人士在這些共事的場合中也必須把彈性、組織力和多面向思考帶入互界系統中，他們能從哪裡找到這些東西？在觀察社福機構的社會工作以及其位於其他機構的資源夥伴時，他發現所見的一切都無甚條理。他的結論是：雜亂無序、缺乏彈性、單向思考的機關和機構都無法協助工作者把條理、彈性和靈活多元性帶入他們所參與的互動關係中。換句話說，管理、資源分配和工作劃分的模式都非外在事物，也不僅只是案件處理中之微互動關係（micro-interaction）的背景道具或遙不相干的「大環境」。這些都是全盤工作的一部分；行動和大架構是不能分開的。

　　這種說法主要是針對同構模式的概念——系統的互動模式會彼此趨於相同——而起。根據同構模式的概念，互動的系統——如小組和家人——會共同創造一個結構，讓彼此相似起來。洪伯特·馬土安納和法蘭契斯科·巴瑞拉就曾認為：能夠連結的系統會一起演化（co-evolve），也就是說互動的雙方或各方都會在過程中發生改變（Humberto Maturana & Francesco Varela，1980）。海倫·史瓦茲曼和阿妮塔·克乃佛認為：處理跟兒童有關之案件的小組常會複製案主家庭的互動模式——遇到關係密切的家人時，小組成員就易於變得關係密切，而與專業領域中的其他人保持相當距離；遇到關係鬆散的家人時，小組自己都會覺得很難共同抽出時間來一起思考問題，而且這些小組的工作量都相當沉重（Helen Schwartzman & Anita Kneifel，1985）。

12　譯註：在此即分別為醫院小組的系統與家人的系統。

在研究社福機構的兒童保護工作及青少年精神治療中心的工作時，湯姆和同事愛莎‧艾立克森分析了造成同構模式的主要過程。他們的結論是：情緒「感染」是造成相互改變的關鍵因素（Arnkil & Eriksson，1995、1996）。人都有認同他人、也就是感受他人情緒的能力。認同是互相了解的基礎；如果不能察覺別人的感受，人是毫無可能了解別人的。了解不僅是個人的認知過程，原因是他人也能將其喜悅、恐懼、悲傷和熱切傳染給我們。維可‧蘇拉卡在〈人類情緒之感染與調整〉（Veikko Surakka，"Contagion and Modulation of Human Emotions"，1999）這篇研究中指出：在很大程度上，情緒傳染也跟生理有關。例如，人們會藉細小的微動作模仿他人的臉部表情和複製說話者的聲帶動作。除非這麼做，他們將無從了解他人的表情或言語。

經由認同而了解是所有人際互動的基礎。人的諸般情感就是那些能「讀懂」無數「互動訊號」（言語只是其中一小部分）、因而令人讚嘆不已的「接收器」。它們也會在好幾個當事者參與的互動中發揮作用，會設法讀懂立場表達時出現的全面「轟炸聲」。

湯姆和愛莎把認同理論和定向理論（theory of orienting）連結起來。我們之前提到過，俄國心理學家蓋柏林認為心靈會不斷運用認知能力、情感和道德感調整方向，用以探知主體在其未來活動場域中可能遇到什麼狀況。個人總在預期可能發生的事。情感是個人互動場域上重要的探索者或偵察兵；它為主體「報告」狀況和他人之情況。如蓋柏林所強調的，人們視世界為其未來的活動場域，而幫他們發現世界之意義的正是這主體性。由於人有能力認同他人的感覺，他人的感覺至少在某種程度上是可以被了解

的。人就在這基礎上預期互動的可能方向。就這樣，主體至少可以對將要發生在其身上的事略有些概念。

當人際工作的專業人士加入多方會談時，他們複製了自己與案主的關係而把它帶到會談中。他們不僅曾用理性認知分析過這關係，也曾不斷（未必自覺地）用感覺去觸探互動的發展方向以及正要發生在他們身上的事。在某種程度上，他們經過認同而有所了解，然後把自己對案主的了解及認同一併融入討論中，而這討論的題目之一恰是他們案主的人際關係。因此，毫不奇怪的，專業人士與案主之間的互動模式也自然而然成為了會談中各方專業人士彼此互動的模式。

要取得了解，認同案主並密切涉入這互動關係是非常重要的。但在另一方面，互動模式變得過於相似會使會談變為無益。認同或複製互動模式本身並不是問題；但如果專業人士未發現自己也是這些面對面過程中的當事人——作為當事人的他們甚至多少會在資源網會談中情緒激動起來——它們就會成為問題。可能會發生的情形是：充實不同觀點以及改變活動模式的機會將會大大縮小且毫無增加的可能。也許有些氣勢凌人的參與者會想告訴大家問題何在以及如何解決問題。也許另有些參與者在提出意見時得不到他人回應，甚至被視為幼稚。有些參與者或許會結盟起來，藉以增加自己說話的分量。其他人則大肆耳語，不理會別人想會談協商的願望。這些模式本就常見於他們案主的人際互動關係中。

我們先前已討論過判斷問題、表達立場、結成盟友、衡量承諾、指派主導權這些面向之間的關係。我們現在加上的另一個面向就是同構模式。讀者可能會有興趣去回想一下自己在多方談判

中的經歷：是否有些談判者總比別人較不受尊重、在飽受輕蔑或忽視之餘自覺被邊緣化？扮演主角的案主與被邊緣化的案主有什麼差異？哪些專業人士較可能去處理具有社會發言權、社會影響力、對社會有所貢獻而受人尊重的案主？或哪些專業人士較可能處理自覺在社會上被人瞧不起或忽視、被邊緣化的案主？

我們並非在談論案主地位和案件處理模式間的一對一相似處，但我們確實想要強調：人類固有的認同能力以及這能力在促進相互了解時所提供的奇妙助力，也在多人參與的情境中扮演了重要角色。這把雙刃劍一方面可以增加我們預期他人回應的能力，另一方面也會使人複製互動模式。

用社會研究中的實驗發動「正向干擾」

三不管地帶上之多方會談的緊張場面會隨憂慮增加而倍增。即使每個專業參與者都根據各自的專業手冊做完全正確的事，專業體系還是可能動彈不得。這些手冊的問題在於：除了強調如何正確找出案主／家人的問題並確保案主被轉介到適當機構之外，它們很少會告訴你如何脫困。它們幾乎不討論多方專業人士參與的工作；即使有討論，它們似乎也只討論了一套專業方式，用它去涵蓋所有專業工作，無視不同專業的差異性。

安娜和婷娜案件中的參與者是怎麼脫困的？當然不是因為他們重複做同樣的事情，也不是因為他們做了一些前所未見的重大改變。人力單位的珞塔開始相信婷娜的誠意並願花更多時間在她身上，這是什麼原因？「是因為他們的口氣。」案主、其個人關係中可提供助力的人、相關專業人士——這三方之間的面對面會

談可以幫助他們脫困。但如果控管他人的模式霸佔了舞台，脫困就未必會有可能。

要使安娜和婷娜案件中的對話性會談不只發生一次、必要時還能每次都發生，這會要求大家在組織動員上做出很大的努力。上層和中層市政主管以及專業體系都必須採取行動。事實上，湯姆的研發工作就是要對整個體系做出這種「干預」。

安娜是怎麼想到要利用期待／未來式對話的？她是如何把忙碌的一票人馬聚集起來的？到哪裡去找那些可區隔說話者和聽者、防止大家把注意力放在問題上的主持人？首先，社會大眾必須多少對這些問題有所認知，而地方上的專業人士至少要知道期待／未來式對話是可用的服務。要讓這種服務可用，受過訓練的主持人必不可少。換句話說，大家如果不知道對話是有益的，也不訓練主持人，那麼就不可能有必要的「供應與需求」。顯然的，如果市政主管不同意或不積極支持，對話作法也就無從宣傳於大眾，訓練一群會談主持人也就不可能發生。然而，有需要就有供給，並會促使市政主管和其下屬採取更多以資源網為主的行動。邀請相關專業人員是一回事，但讓他們實際參與並留下來對話整整兩至三個小時，這可是另一回事。採用這作法的城市會聘用一位協調者來協助召集資源網——他或她通常是位有充分時間、獲得授權、並充分了解期待／未來式對話作法的同事。為了確保各領域的專業人士在必要時有時間出席，市政府會為公務員訂出一天為「資源網對話日」。他們每個人要保留某一天（如每個月第二個星期一）來參加期待／未來式對話會談；如果未受邀請，他們總還有公文之類的事待處理的。當然，如果沒有市政主

管運用權力，這種安排是不可能的。主管們所做的決定必須符合政府與專業人士的共同需要[13]。

因此，要使安娜和婷娜案件中的會談能隨時隨需要發生，整個工作體系需要重組。然而，重大組織改造或投入鉅資在此都沒有必要；必要的是跨界合作。對湯姆和他的小組來講，在支援這種改變時，他們等於用了實驗方法從事社會研究。湯姆的基本假設是：由於案主的需要與問題都不能用官方分類法予以歸類，大家會不得不去採取更多以資源網為主的工作方式。在一連串推動案中，他試驗了不同方法，希望促使「多機構案主」中的專業人士參加對話。這些方法先只要專業人士出席，後來也要案主／家人出席。這些實驗需要市政主管做出一些讓跨界會談可以發生的決定，也需要專業人士和案主志願參與。實驗也詳擬出核心的對話做法。這一切可說「正向干擾」了各自為政的服務體系。如今，在這些推動案進行了四分之一世紀後，芬蘭有許多城市已適應了以資源網為主的對話文化，提供了大量的人員訓練、對話式會談和跨界管理，也獲得了公眾好評。但也有些城市在當地的推動案結束後立即「退化」到筒倉工作模式。這些城市原被期望會從那刻起就開始「主導」新發展的。

關鍵時刻：案主進入對話

要讓專業人士找出對話的時間，他們必須知道對話是有益的。在 1990 年代的一個推動案中，湯姆、愛莎和湯姆的弟弟羅伯特（也是共同研究者）問那些與兒童、青少年、家庭打交道的專業人士下面的問題：他們是否在某些案件中感到動彈不得、他們

是否想為脫困尋求協助。（這訪問發生在「憂慮地帶」這工具被創造出來之時，因此湯姆等人也問他們有否遭遇過灰色地帶的互動關係。）答案是毫不含糊的「是的」，於是湯姆等人和他們建立了互助研究的關係：湯姆及其同事會提供某些資訊，專業人士也會對之投桃報李。就這樣，他們一起發展出了期待／未來式對話作法。研究上的安排最後變成了第一線作法。

　　以期待／未來式對話為中心的資源網作法在其發展初期是這樣進行的：自覺位在灰色地帶的專業人士經過案主同意後邀請其他有關專業人士，把案件拿來跟湯姆和愛莎（或羅伯特）討論。湯姆及其同事會問一組預期性問題（這組問題是經由 1980 年代晚期後的各種推動案逐漸演變出來的）。大家輪流說話和傾聽──這是受到湯姆·安德生及其反思小組（reflective team）的啟發，但形式「較嚴格」，不容任何人發表評論。每個參與者都被鼓勵用「我」之觀點、第一人稱來說話，並預期他或她的行動會帶來何種後果並引起什麼樣的回應。湯姆、愛莎和羅伯特在主持會談時向每個參與者發問，其他人同時在旁傾聽：（一）如果你什麼都不做，會發生什麼事？（二）為了對事情有幫助，你能做什麼頗不相同的事？（三）如果你這麼做了，會發生什麼事？在熱烈討論中，專業人士專注地傾聽彼此所說的話。最後，在提出「每個人下一步要做什麼並與誰合作」的問題後，具體的共同行動計畫就被創造了出來。

13　作者原註：湯姆在紐西蘭坎特貝里市（Canterbury）見過這種架構的一個模式。一個多方專業人士組成的團體討論共同案件並接受由跨界指導小組的指導；協調者則為居間媒介。

　　沒有案主／家人在場（當然有事先取得他們的同意）的會談似乎相當不同於一般常見之尋求合作的作法。專業人士發現會談非常有益，而且在這實驗性的推動案結束時，大家形成了一個觀點，認為類似的作法是適合長期推行的。

　　對話中基本的「期待形式」就這樣成形了：個人把預期看做是自己在其他相關者面前做的思想實驗，會談主持人則負責確保說話和聆聽的空間，並要求每個人務必用主觀觀點說話。然而，一再出現的一個問題是：專業人士不了解案主日常生活中的人際關係以及其私人關係中誰對他／她最能提供助力。在預期自己什麼都不做時會有何種後果時，專業人士發現自己無法確定案主有否可以向之求助的親戚或其他私人關係。由於越來越對案主不在場的情形感到不安，湯姆、愛莎和羅伯特開始鼓勵專業人士把案主及其家人帶進會談當中。當他們終於這麼做之後，一切事情也隨之發生了改變。

案主在場時，一切都必須改變

　　案主和專業人士會談可說直接干預了案主的生活，因此在這麼做的時候，最低的要求是：在離開會談室時，案主會變得比他或她走進會談室時更具有自信和能力。事先詳備的一列問題似乎無助於達到這個要求，甚至連第一個問題「如果什麼都不做，會發生什麼事？」都可能得罪人。在有自殺風險或其他重大危險的案例中，這絕對是個不當問題。因此發問模式必須徹底改變，而這改變發生得相當突然。一個社工把一個也求助於其他機構的母親帶來參加會談。感到意外的湯姆和愛莎意會到自己必須重估會

談的進行模式。他們事先已討論了自己所知之所有以資源網為主的工作模式，並詳述了自己的經驗，企圖激勵在場者而使他們能生出務實的希望。現在，湯姆和愛莎一面運用湯姆和羅伯特為一般組織之內部諮商及管理所研發的方法，一面把處理其他案件時所取得的想法結合起來，藉此設計出了一個用未來觀點訪問案主和專業人士的方案。如今名為「回想未來」的一組問題就此有了初步綱要。「預想」具有倒轉的架構：它並未以預期成果的行動為出發點，而是從所希冀的成果出發，行動則將從這些成果「衍生」出來。

用理想未來之觀點進行的第一場會談就讓人感到十分驚喜滿意：氣氛甚佳，想法極具創造力，研擬出來的計畫具體可行，參加者離去時也都面帶微笑。從那之後，湯姆、愛莎和羅伯特開始專注於打造能與出席案主對話的環境，成果迄今仍十分令人滿意。

在跟第一線工作人員及市政主管合作的情況下，湯姆為不同情境研發出了各種以未來為取向的會談形式。這作法也曾應用在需要設計共同行動、但非以案主／家庭問題為主的情境上。從理想中的不久未來出發（這理想是由紛雜眾聲表達出來的），描畫出去到那未來的具體路徑及各種憂慮——這方法已被廣泛運用在組織改造、推動發展、地方性活動等等層面上。學校也已在督導或其他工作上運用過它。評鑑也是另一個重要的應用範疇。這方法也已隨著經驗的累積變為更充實。重點是：不要把硬性作法塞入會談情境，卻要促進尊重和聆聽、原創性思考、可實現的願望、以及共同行動。

朝對話作法的文化走去

　　大約在第一次期待式對話舉行後的第十年，安娜、婷娜及其他人參與的未來式對話發生了——它一方面是實際生活情況，一方面也是會談主持人受訓的場所。社會事務暨國民健康部曾要求湯姆及其小組在全國開辦訓練課程。然而，由於所推動的計畫及訓練課程都無法持續發揮作用，受挫的湯姆和小組成員跟政府達成了一個協議：他們將只在兩個城市推動訓練，以期發現有無可能創造出整體工作文化、可使採用對話的工作者不致像「孤島」一樣無法獲得政府主管的支援。在這兩個城市工作六年後，他們發現整體工作文化的確可以被創造出來。本書隨處都在討論這文化的核心元素。

【第五章】 與他者對話

我們在前兩章中描述了某些對話作法。在這一章中，我們將依據自己的認知來討論對話作法和對話性的基本元素。當然，對話性會以許多形式出現在人際工作中，因此把目光放遠到剛討論過的作法之外是有必要的。不過，我們仍要先檢視一下期待／未來式對話的特色，以之作為更廣泛討論的出發點。很顯然的，不同對話會談有不同的對話性。在開放式對話中，每一會談會根據案件的情況和背景形成自己的結構；在期待／未來式對話中，會談會依某種順序架構起來。在開放式對話中，每個人都以「圈內人」的身分參與治療過程；期待／未來式對話中的主持人則是外來者。我們將藉這兩種對話作法來示範如何創造對話，並試圖把任何對話作法都可能具有的某些最基本面向指出來。我們要找出那些使對話具有對話性的元素。

納入案主及與之有關的專業人士

我們描述的兩種做法都以個案特殊小組為基礎[1]。專業人士和

1　作者原註：我們所說的個案是指一個把大家召來、需要大家合作處理的問題，因此個案不是指個人。

案主的個人資源網都只由與實際問題——如精神病危機或小孩面臨危險——有關的某些人組成。這與一般人際工作頗為不同，因人際工作是用相同的專業小組來處理不同的個案。甚至在某些人際工作中，專業人士只是其「本屬單位」——如醫院病房或社福機構——的代表，在參與會談時代表原屬單位說出概泛觀點，而非他們個人的觀點。即使沒與案主建立關係，這樣的小組還是可以處理個案；就算參與的專業人士中沒人見過案主／家人，他們還是可以討論案主／家人的問題。

我們的對話作法採取了另一途徑的理由是：參與會談的個人應該與實際個案有關，不管他或她是案主在日常生活中所認識的人或是負責案子的專業人士。

我們認為「個案特殊小組」的原則也適用於我們所論的這兩種作法以外的對話工作。跟當前問題有關或與相關者有過個人接觸（至少一次）的人，都擁有獨特寶貴的知識而有助於用對話創造相互了解。當然，關係之參與者都是以個人角度從關係內部取得這種知識的。他們不僅是認知論所說的「知者」，同時也以全部身體生命及個人獨特方式感覺關係的運作情形[2]。那些透過文件和其他二手資料處理問題的人是不可能擁有這種知識的。約翰‧蕭特曾論到「知道（問題）是什麼」、「知道如何（處理問題）」、「從內部（關係內部）得知事態」這三種知識（John Shotter，1993）。第三種知識只能從關係內部取得，而且因關係之參與者彼此不同而有所差異。

互相對話的人是無法由他人任意取代的。建立相互了解的先決條件就是：只有與個案有個人關係的人才可參與。了解只會發生於個人之間，不會發生在機構之間。開放式對話和期待／未來

式對話兩者都建立在語言繁複性（multiplicity of languages）——即「雜異音原則」（the Heteroglot principle）[3]——和群組語言（social languages）的基本觀念上。參與實際對談的人只能由與實際問題相關的個人及他／她周圍的人組成[4]。由於個案特殊小組中的每個成員都與案主有過個人接觸，某種互動語言就能在會談情境中被創造出來。因此，這新互動群體所遇到的問題不會同於其他對談所遇到的問題。期待／未來式對話會談是為某個在前段時間內已試過各種協助方式的問題所召開的。每個參與會談的人可能在那段時間裡都已有過頻繁的接觸。但在開放式對話裡——尤其是為新危機所召開的——出席者多可能第一次才見到面。期待／未來式對話的目的是提供單次干預，不太做後續追蹤，但開放式對話作法常會持續進行好幾次會談。因此，兩種作法在創造各自所需的合作語言時採用了不同方式。對這兩種作法來講，配合個案的「群組語言」仍是其共同基本概念。

　　在兩種作法中，參與者都由不同背景或領域的人組成。個人資源網和專業資源網中的成員都有加入，而專家多來自不同單位

2　譯註：此句應與笛卡爾心物二元認知論強調心智為知識來源有關。

3　譯註：指巴赫金的 heteroglossia 概念，意指各時代或時期、地區、意識形態、風尚潮流、學派、社會圈子所使用的語言無不交雜交織於與其相對之其他時代、地區、意識形態等等的語言，充滿雜異音，毫無純粹性可言。「Social languages」係指社會中不同階層及團體各自持有的言談方式；其中的個人在吐露語言時總受其所屬群體之言談方式的影響，而群體言談方式又因與外在群體對話具有了雜異音與複調性。

4　作者原註：但期待／未來式對話中的主持人是外來者。這是為了防止「圈內」人在會談過程中扮演雙重角色——例如，承案的社工有可能一邊主持會談，一邊以案內人的身分採取行動。主持人能讓所有其他人都從混雜的立場「脫困」。這些其他人必須是與問題和案主有過個別接觸的人。

和領域。會談是以找出前進和合作的有效方法為目標。像這樣的跨界合作創造了一種新的專門知識、一種互相創造出來的理解，以非專家和專家間的合作為前提。如要使這專門知識具有可行性，除了學有專長的專家外，案主及其個人資源網內的成員都必須積極參與。兩種作法都不可缺少複調多聲的世界觀。兩種作法也都不以取得一致見解而訂定行動計畫為目標。相反的，它們一開始都認定每個人對問題不可能持有相同的看法。試圖了解彼此的觀點最為重要；由於不容許任何人用其觀點率先為問題作出唯一的「正確」判斷，新的理解就在所有參與者之間的差異上被創造出來。

承認他者

我們在標題裡用大寫字母把 the Other（他者）這名詞中的 Other 標示了出來，目的在強調人與人之間的根本關係。單單承認別人獨立存在於我之外是不夠的；我們還要——最重要的——承認他者（包括我們的至親在內）永遠具有他異性。然而，在表述對話的基本精神時，若說「承認每個人對問題都有獨特看法」，那也只不過代表了一種抽象的「認知」。在任何狀況中，每個人都是有血有肉的完整存在，對自己四周的人事不僅有看法、也有感覺，而且會與自己和別人分別進行對話。沒有人能全然了解另一個人——也就是這一點使得對話變為必要和可能。我們必須無條件接納他人的聲音，並尊重他人獨特的他異性。不否決任何人的觀點才能創造對話。治療師或對話主持人必須完全接受案主帶入的主題及他們說話的方式，這樣新的經驗才能為他們創造出

來，也在他們生命中最親近而重要的他者面前創造出來。這是非常動人的經驗，重視了每個人獨特的聲音與經驗。

我們在第一章敘述了湯姆在布雷西亞第二綜合學校所看到的事情：師長總是無條件接納學童的每一個看法和想法。錯誤的答案在學校裡通常是不受歡迎的，但它們在這個學校反而受到尊重，為對話提供了參考點。當然，在傳授技能和知識時，答案還是有對錯之分。但在學習文化傳統時，在利用思想之探索（以及其他探索）創造屬於自己的技能和知識的過程中，學童需要感覺自己是安全的。透過這樣的學習過程，技能和知識才會緊黏在堅實的心靈底板上。在回應學生、案主、病人和其他類的他者時，我們必須視他們為當下情況中有血有肉的完整個人；他們不僅對狀況有看法，同時也會用感覺去忖度四周的人事並與自己和他人對話。

無條件接納他者

讓我們在這裡停一下。當我們強調要承認他者並無條件接納他者時，難道我們沒有自相矛盾的地方嗎？難道布雷西亞的老師在遇到錯誤答案時不想改變學生的看法嗎？難道治療師或社工不想讓令人不樂見的情況改變為可證明的幸福嗎？我們的答案既為是，也為否。答案之所以為「是」，是因為改變是我們所追求的，否則我們沒有必要去從事教學或治療[5]。答案之所以為

5　作者原註：避開令人不樂見的改變並達到平衡狀態，這就是正面的改變。如果不採取行動、致使狀況越變越糟，正面改變是不會發生的。

「否」，是因為改變不是指單方改變。對話作法導致的是共同演化——雙方或多方都會改變。

對話性不要求意見一致，彼此意見不一也不致排除對話，因為對話並不以明確結論為目標。無條件接納他者並非要我們無條件接納他者的看法或行為，其目的也不在結合或折衷看法或達到一致看法。米夏・巴赫金在強調我們與人互外且無從了解對方生命時也指出：我們在生活裡要承認「一個事件的絕對自相矛盾性」（1995，頁 129）。他認為：我們在某事件中可能對別人的生命有不同看法，但由於我們互外於對方，因此我們不可強迫對方來接受我們對他生命的了解。他甚至說：「對方在他自己身上有正當理由予以否認的，我有正當理由予以肯定並保存於他的身上」（出處同前）。在指出我們與他者之間的「價值」矛盾（axiological contradiction）時，他認為：即使我們想肯定他人在其自己身上未曾見到的某些面向，我們仍必須接受這「價值矛盾永不可能被泯除」的事實（出處同前）。在他後來的著作中，巴赫金終於發現對話即是應對「事件參與者互外於對方」這一現象的作法。

這種相互的否定與肯定跟我們在對話中接納他者（甚至無條件接納）有什麼關係？如果我肯定了他人在他／她自己身上所否認的東西，我顯然與他／她是對立的。這跟接納他者的他異性或他者的聲音——除了無條件接納他者之外——又有什麼關係[6]？簡單的答案也許是：對話性指的是接納他者的聲音，但不一定接納他／她的作為。那麼，對話性在哪裡？在這情況中，對話性能存在嗎？

邁向對話空間的許多途徑

雖並非要為自己找下台階脫困，讓我們在此還是先討論一下我們曾遇到、稱不上戲劇性的一次對立經驗。在討論無條件接納他者與否認／肯定他者這兩個觀念有何關係時，我們兩人——湯姆和亞科——想起之前有位朋友確實考驗了我們在運用對話性時可能遇到的極限（但也因此讓我們學到更多）。跟他進行的每一次對談最終都讓我們來到難以轉身的窄弄裡。他一再說自己是環境——悲慘的童年、惡待他的同事和老闆等等——的受害者。要我們對這樣密不透氣並一再重複的說法不感厭煩是很難的——當然，不管你嘴上說什麼，這種情緒畢竟還是流露了出來。你想把他自己所否認的某種東西「肯定並保存在他身上」，也就是說，讓他知道他是具有行動力的主體，而非他自己描繪出來的被動物體。你也想再一次肯定他有能力在過去和現在為自己做出抉擇，並非只能任人擺佈而無能作主。但如果你這麼說了，他會舉出更多例子並放大嗓門，一面想更讓你相信他真的遭到惡意對待，一面也表示你忽略他的感覺而更加傷害了他。看著他以往的經歷，你會想承認他「有正當理由否認他自己所擁有的」，但你一面表達同情、一面不去肯定他只是被動受害者的努力已到了無以為繼的地步。你也同時充滿了挫折感——這當然透過你的身體語言表露了出來。在這樣的互動中，「對方在他自己身上有正當理由予

6　作者原註：讀者已經發現我們在繞著文字講話。承認／尊重／接納他異性／他者聲音／無條件接納他者——這串文字代表了我們正在尋找對話精神的本質與其適當概念。

以否認的，我有正當理由予以肯定並保存於他身上」這句話代表了什麼意義？在回想我們（湯姆和亞科）的經驗時，我們也想起某些對話空間忽然開啟的時刻。說起自己的人生十字路口及抉擇、跟蹌的腳步、後悔和紓解——這終於創造了若干聆聽時刻，使雙方不再用獨白方式去試圖說服對方。用令人感興趣的方式談論自己而不談論對方，也不把自己當成標尺或範本，可以打開雙方都感興趣的空間。然而，我們也想起來，只要這朋友一感覺到「策略」的存在——也就是說，看來像反省深思的話語其實是個幌子，只是被用來把這朋友誘出他的安適範圍——他就會立即從你的口吻、表情、手勢等等發現你的意圖，然後大門就再度關上了。我們在這位朋友的堅持中學到的功課是：一方面，你必須真心承認他的經歷的確是他思想和情緒的動力，也是你這外人無法從他生命內部去了解的東西，因而他有正當理由否認他自己的作為能力（agency）；另一方面，如果你誠實探索自己的作為能力、不曉得「正確答案」、也不試圖為「道德教誨」找掩飾，你的反省和回想就會被一雙接納的耳朵聽進去。

如巴赫金所說，「被人聽見」就已然成為對話關係。在我們的經驗中，無論在專業生涯或日常交往中，「被人聽見」會帶來改變。對話性不是為人特設的方法，而是人與人並存的方式（a way of being between people）；它在本質上是種被他人真誠聽見及回應的經驗，可以將自信與能力賦予個人。我們甚至想這麼說：在每一個可以帶來活潑改變的作法中，無論它們是否稱作對話作法，我們都可以找到對話性的本質：接納及尊重他者的他異性，以及被真誠聽見而成為被尊重之他者的可能性。

讓我們來看看某個不自稱為對話作法的作法有什麼內在對話

性，也就是英國精神治療師保羅・查德威克（Paul Chadwick）處理幻覺病患的作法。在他稱作認知治療（cognitive therapy）的作法中，治療次數常被限定在十五次左右。查德威克在最初六次治療時絕不挑戰病人的看法，只聽他們說。在認知治療法中，治療師承認並無條件接受病人的觀點，以便在治療師和病人間建立令人安心而有用的夥伴關係。在治療的後半階段，治療師會開始挑戰幻聽病人對聲音來源的說法，但同時相信病人有權提出自己的解釋。治療師會用令人安心的口吻說：「你剛才描述了那命你在店裡偷東西的聲音。你也說，那聲音是某個設計了一套程式的人發送出來的，而你必須遵守那程式，因為那人已經控制了你。我們可以接受這說法。但純粹為了練習用別種說法來解釋聲音的來源，請設想一下：假如我們在思考一陣子後認為你聽到的聲音並非來自外面世界，你又將如何解釋這聲音呢？」

這就是用友善和尊重的方式來承認病人的他異性，也是為各種聲音打開對話空間的方式（聲音不就是為了對話而存在的嗎？）。治療師無條件接納病人及其解釋，同時也協助他們看到還有別種可能的解釋。創造令人心安的關係最為重要。

我們是否在此看到了與義大利布雷西亞學校類似的作法？治療師和老師都耐性地分別聽病人和學生講話，而且他們也都訂了一個目標：改變說法。當然，學生不是病人，錯誤的答案也不是幻覺。但要在表達想法（更不用說改變想法）時能感覺安心，人必須先覺得自己受到重視和被人接納。

同樣重要的是：專業人員要容忍不明狀況，不要匆忙去運用以策略為主之專業手冊中已被人試過、用過的控制手段。在布雷西亞學校的例子中，這是學校訂出的明確目標。柏第凱利教授拿

雜耍訓練做比喻（Perticari，2008）：老師們隨時會把握機會，根據人之為人的基本實情來創造對話；傳統教學中控制教室的作法則會阻礙對話。亞科治療一對夫妻的經驗也很類似。如我們在第三章所做的解釋，亞科放棄了家人互動治療法的原則，不想藉發現家人互動的潛規則來進行干預。他事實上沒有使用手冊中所列之試驗過和採用過的控制手段，因為他的目的是要為更重要的問題、而非認定的「家庭遊戲」創造現形空間。

讓我們暫且做個總結：對話關係需要對話空間；對話建立在不對稱關係上；接納他者的他異性並不代表同意他者的看法。然而，只聽他者說話而遲不說出任何相異的看法，是會窄化對話空間的；要求他者服從與之對立的看法也會如此。真誠反思自己的想法和情感能打開對話空間，但採用策略將無法使你擁有這種真誠反思的機會。無論是否同意他者的想法，尊重他者的他異性會為雙方創造安心的環境和聆聽的機會。被人聽見就已然成為可以促進改變的對話關係。

一個處理父親性侵女兒的社工又會遇到什麼情況呢？在這種情境下，接納他異性、在關係中感覺安心、或創造對話空間指的又是什麼？這問題代表的其實是挑戰：我們需要怎麼做，才能使父親為自己的行為負起全責而不重犯錯誤？社工也常與毆打配偶的丈夫（有時妻子）會談。他們、治療師、以及監獄工作人員等等在與做壞事者（甚至謀殺犯）會談時有責任去創造重大的改變。無條件接納他者適用於這類情況嗎？

瑞典社工茱蒂絲‧華格納（Judith Wagner）長期在瑞典南部的一座監獄裡工作，囚犯都是謀殺犯。在特朗姆索大學（University of Tromsso）的湯姆‧安德生和蓋歐格‧侯伊（Georg

Hoyer）的支持下，她創造了一種特殊方式來跟囚犯進行省思對話。她設了一個規矩，要獄卒也來參加對談，讓會談與監獄的現實保持密切關係（Wagner，2007）。在省思對話的最初階段，囚犯會如常否認自己需要為犯行負責。一段時間後，他們漸漸願意去回想案發時的情況。茱蒂絲說，獄卒很不願意聽犯罪現場中的殺人故事，於是她採用另一種方式來重建案發現場。她在書中描述（Wagner，2007，頁 217），有個名叫卡爾的年輕人想要開始述說自己所犯的謀殺案。茱蒂絲問他會不會覺得很難啟齒、是否想延到後面的會談再說。但卡爾這次下定決心要向前跨出一步、要首次談論自己的罪行。他開始敘述事情發生的那個晚上，並哭了出來，連帶使得茱蒂絲和她的同事也感到很難過。正當卡爾要說自己拿刀刺下的細節時，茱蒂絲制止了他並建議：「我們可不可以在這裡稍停一下？你願不願意接受我的建議：你來描述事情發生的場景，讓我們去想像它，而非告訴我們你當晚在那裡做了什麼事？你是導演，可以規定場景中的演員該怎麼做。」卡爾同意後開始描述場景及其中各主角所做的事情。當卡爾正要說場景中的卡爾拿起刀子要……的時候，茱蒂絲再次制止了他並說：「等一等，我們正要聽到殺人時的狀況。你用同樣的場景導演一部不同的戲，好嗎？誰可能會在那裡幫助劇中主角卡爾，使殺人案不至於發生？」沉默半晌後，卡爾回答說是照顧他之寄養家庭中的父親。茱蒂絲問這位父親可能會怎麼做；卡爾回答說，如果他曾在那裡，他會把他抓開並制止他。當茱蒂絲問劇中的卡爾是否會聽從這位父親而不殺人時，卡爾回答說是的，劇中的卡爾當時會聽命而不去殺人。

茱蒂絲的工作代表了一種新的方式，可以創造足以改變生命

的新故事及新的助力來源。最有幫助的是，用這種方式處理犯罪事件時，犯罪者開始有可能去承擔責任並尋找新的助力來源。茱蒂絲解釋說：在好幾個場合中，當犯罪者開始對被害人及其親屬感到抱歉的時候，令人感動的過程就發生了。在監獄工作的茱蒂絲為我們提供了一個範例，讓我們看見「無條件接受他者的當下所是」以及「在無法接受他者過去行為之同時也照樣創造對話空間」的重要性。

誠摯的關心可以促進溝通

在前述的精神治療案例中、在瑞典監獄的社工服務中、以及在布雷西亞學校的教學中，我們都看到耐心和時間的必要性。然而，互相尊重的關係——這種關係視他者為我們必須認真看待的有血有肉者——隨時都有可能突然出現。虛構但提供深思的影片《非關男孩》（*About a Boy*，2002，根據 Nick Hornby 的同名小說改編，導演為 Chris Weitz 及 Paul Weitz 兄弟）就呈現了這一點。

過著嬉皮式生活的單身母親有個非常不快樂的兒子。男孩沒有朋友，只有想偷他東西的同學。母親企圖自殺未果，男孩則認識了一個三十八歲、不喜歡工作、但喜歡追求女人的單身男人。他對小孩沒有興趣，但男孩就是喜歡去找他，他們最終還是成為了朋友。有次男人為男孩買了雙新球鞋，因為他的同學偷走了他的舊鞋。母親並不知道兒子常去找這男人。她在最後知道時非常氣憤，拖著兒子到男人和其妹妹用餐的餐廳去找他。她用盛怒的口吻要男人解釋他跟她兒子來往的目的、他為何要買禮物給他、

他為何從不把她兒子找他的事告訴她。吃驚的男人站了起來，也一樣憤怒非常，大叫說他不知道男孩沒把找他的事說出來。他繼續指責母親不照顧兒子、只想到自己、還要男孩照她的生活方式過日子。當時情況很混亂，但在男人大發脾氣後，母親突然變得稍稍安靜下來並開始聽他說話。她坐了下來，並說她現在看到自己是怎麼對待孩子的、自己怎樣對孩子不理不睬。他們開始展開對話。

即使當時母親和男人、他妹妹和女侍之間都有嚴重的衝突狀況，對話空間在戲劇效果極佳的大發脾氣場景中還是被打了開來。在大發脾氣時，男人和母親都充滿情緒，都全神投注在此時此地。他們在此時此刻顯露了自己對男孩的真誠關心；是他們臉上的關心表情導致他們開始聽對方說話。衝突突然間化解成了願多了解對方觀點的心情。母親問男人她該怎麼做。

在專業人士和案主／家人／學生打交道的情況中，像影片中一樣大發脾氣或許無從帶來對話性，但至少有一點是相同的：誠摯的關心。如果專業人士興趣缺缺或覺得事不關己，他／她雖企圖表現出關心的模樣，他／她聽起來、看起來、感覺起來仍像在做假。如果漠不關心的專業人士做出傾聽的樣子、想使他者覺得被聽見而生出自信來，這番企圖還是難有可能傳達真誠對話關係所能傳達的溫暖火花。沒有一個「對話方法」會為我們提供捷徑。我們無法抄捷徑去無條件接納他者（無論雙方意見相合與否），但也不會為了這目的有必要去爬山涉水。我們認為，出發點就在於承認並尊重他人獨特的他異性。如果我能明白連我生命中最親近的人都無法、永不可能跟我有一樣的想法和感覺（不管我在關鍵時刻如何企求和嘗試），我就能欣賞他們的他異性並對

之感到好奇。雖然我將可能更了解他們，但他們將會有所改變
──而我自己也將如此。對話的必要性和可能性是永遠不會消
失的。

對話在此時此地被創造出來

　　社工茱蒂絲‧華格納在瑞典監獄所做的事情讓我們看到：如
何在他者以往行為無法被人接受的情況中創造對話空間。責難的
姿態非常可能關閉通往同情心和責任感的大門。接納他者的當下
所是並不等於接納他或她過去的行為或看法。但大家擁有的就只
有當下此刻，而且對話空間也只在當下此刻被打開或不被打開。
你以自己的當時所是出現在場景中，他者也一樣；你們面對的是
互相改變的可能性。

　　茱蒂絲用能提供不同看法的問題來啟動思考；認知治療師保
羅‧查德威克在耐心聆聽病人的解釋和幻覺後也做同樣的事。開
放式對話中的治療師問的是開放性問題，期待／未來式對話中的
主持人也是。開放性問題──提供共同思考之機會的問題──對
義大利布雷西亞第二綜合學校來講也一樣重要。布雷西亞學校的
老師認為，老師如果對自己所提的問題已經備有答案，這樣的問
題便是「非法」問題。老師無法知道學生的想法，因此有必要去
更了解他們的想法。

　　表面看來，對話就是對談者在一問一答間彼此交換話語。
但實際上對話性的本質是這樣的：對話中並不只有一個從事思考
的主體，所有參與對話的人才構成思考主體。在這層意義上，對
話與獨白是對立的，因為後者視單一個人為行為引導者。在獨白

關係中，說話者參照自己的想法來賦意義於事物，因而他／她根據自己的個人地圖來判斷每句話的真實性（Crowley，2001）。在對話關係中，說話者與周遭的社會場域相連，無時無刻不需要適應在場他人所說的話以及更廣的社會（與地區）情境，並在說話時為他人的答語保留空間。而在另一方面，答話者也不會用所言去為主題下結論或提出最終解釋或答案，反而會為討論中的主題打開更廣的視野。在對話中，重心是擺在差異上，也就是位於人與人之間、彼此想法碰遇的那塊空間。瓦倫廷‧佛洛席諾夫（Valentin Voloshinov）說：「……有架構力及形塑力的主體不存在於人心之內（也就是說，不在內心的語碼材料中），而在人心之外」（1986，頁 85）。在對話中，說話者和對談者開始共同擁有某些字義；正如佛洛席諾夫進一步說到的，這些字義同時屬於說話者和其對話者：「……字義位在他與其對話者間的界線上，但一部分仍屬於他」（Voloshinov，1986，頁 86）。說話者擁有一半字義，另一半則屬於其對話者，因此它永遠是雙方為了某次討論共同建立起來的東西。

　　且讓我們「倒帶」重溫布雷西亞第二綜合學校的故事，以便再次強調這一點。學童們知道智障的女孩（姑且稱她為費德利佳）喜歡走來走去。他們也知道費德利佳不喜歡什麼，並曾在一大張紙上列出她能做什麼和不能做什麼。這張列表起因於一聲嗤笑──有個學童用嫌惡的表情嘲笑費德利佳只會流口水。老師在回應時沒有指責這看法，反而問大家：費德利佳是不是隨時都在流口水？學童們立刻就發現費德利佳在不同場合有不同的流口水模樣，這讓大家開始討論她在不同時候是否可能有不同的感覺，最終更讓大家開始觀察、回想、注意和列出她實際上能夠做和不

能夠做、她喜歡和不喜歡的所有事情[7]。如第一章所述的，這一連串事情讓學童們也開始討論起自己能做和不能做什麼，最後也讓他們開始思考「認識自己」是什麼意思。這麼重大的問題當然不會有明確的答案；連訂出幾個答案選項都會扼殺對話的。

學童們繼續對話。新的促因導致新的思索（老師也很有技巧地把課程內容結合到這些主題上）。然而，重談某些主題並不等於重複同樣的思考，因為每一時刻都會創造新的語言。我們手邊只有當下時刻，是不可能複製過去的。即使相同的人見面討論他們之前討論過的相同事情，他們還是會為彼此在此時此地新造另種群組語言。社工茱蒂絲與囚犯繼續對話，與他們共同為新的場景創造新的群組語言。這就是對話性。每一時刻都是新的開始；在某一時刻開始前規定大家「應該」站在什麼位置會使人無法發現他者此刻所在的位置。當然，我們可以提醒參與者他們之前談論過什麼，但這並不應影響他們此刻的了解以及他們此刻的感覺。

每一會談都會為參加者提供「對話空間於此時此地開啟」的可能性，但有個條件：即使無法接受他者過去的行為或看法，我們在此時此地仍必須無條件接納他者的當下所是。

總結與往前

我們將在第七章繼續談論「雜異音原則」以及複調會談的特色。在本章中，我們強調了對話性是以尊重他者的他異性為基礎。人永遠外在於他人，包括至親在內；就是這點使得對話成為必要和可能。然而，某種與外異性對立的因素也存在於對話和一

般人際關係中：除了「外在於」他者，人們也會很大程度地「容納」他者。人有能力去感覺他者的感覺、有發揮同理心的能力——根本而言，也就是有能力去探視他人的感覺。此外，我們口中的每一字句都會根據我們對他人的預期邀請回應，因此字句中含有我們對他人的感受和看法。我們並沒有發送與接收訊息，而是預期與邀請回應、然後接收到邀請我們回應的回應。而且，人們會藉身體來反映彼此，不僅在觀察對方手勢時、也藉重要的大腦功能（在所謂的鏡面神經元中）在自己身上製造出類似的情感，使人與人的想法更加交織在一起。

　　因此，對話性要求我們無條件接納他者並尊重其獨特的他異性——亦即尊重「無人能完全了解他者」的事實。在另一方面，對話關係——以及一般人際關係——會在互相反映情感、以致互生了解的雙者之間發生。

　　鼓勵對話作法是我們在探討過程中努力以赴的目標。專業人員越能明瞭對話性的本質，他們就越能省思本身經驗並共同改進作法。在下一章裡，我們將詳細分析開放式對話，目的在為讀者列出研究所得的重點。我們討論的課題是心理治療（psychotherapy），但其重點（即使需要稍作必要的變更）對於任何有志於對話的人際工作都具有重要性。

7　作者原註：當學童從列單中大聲唸出費德利佳能撿出小東西時，湯姆注意到她從面前的籃子裡挑出了一些石頭。當他們唸說她會拍手時，她試著拍手，但並不太成功。

【第六章】 生命是對話音樂：交互主體性

　　對話終會帶來重大改變——我們在專業人士小組從打結情況中脫困、或開放式對話運用於精神病危機的成果研究中都可為此找到証明[1]。但為何對話有這麼大的力量？在對話中，我們看不到什麼戲劇性做法，只看到通常和熟悉的事，而我們接下來要討論的重點就是這熟悉感。我們主要的想法是：對話作法之所以有效，正是因為它們能跟人之生命的某些基本特質產生共鳴——身為人類的我們對於這些特質可說再熟悉也不過了。

　　人誕生在對話關係中。雖然並非所有人類自此之後都受到祝福、能與他人建立充滿活力的對話關係，但我們認為所有人類都渴求這種原始關係。在本章中，我們將利用寇文‧崔華生（Colwyn Trevarthen）、湯姆‧安德生、但尼爾‧史登（Daniel Stern）、史丹‧布羅登（Stein Bråten）、伊莉莎白‧費華茲蒂波申奇（Elizabeth Fivaz-Depeursinge）等人研究中的有趣發現及概念，來思考我們自己在創造對話中所取得的經驗。在本章結尾，我們將把重點摘要出來，以示如何改進「置身於對話」的技巧。

　　首先，我們要再次強調對話精神並不等於一種方法或一套方法。有些方法可能較能促進對話，但對話精神是處理人際關係時的一種人生觀、是一種與人並存的方式，因此不能被簡化為方法或技巧。對話是人類用來連結彼此的主要方式；就是透過這樣的連結，我們才能把自己建構為人類。「跟他人有相應關係」並

不是我們透過學習而得的心理面向；它是我們打從誕生之時就學會的生命方式。我們先學會呼吸（吸氣與吐氣），隨即我們就成了對話關係的積極參與者、在這關係中回應周圍人物的表情。但我們那時並不僅是被動的接收者；我們也會藉自己的表情積極啟動他人的回應（Bråten，2007；Trevarthen，2007）。每一個對話「方法」都從這基本的生命所繫汲取靈感；這由生命本身賜下的基礎即是所有成功方法必備的出發點。進一步來講，任何成功的人際工作方法——不論其標籤上是否有「對話」兩字——都必須把功勞歸於人類關係中本來即有的對話性。我們認為：所有成功的人際工作作法都帶有對話性——被人聽見、被人回應——這個關鍵元素。反過來說，失敗的人際工作作法都不帶有這重要元素[2]。

人身參與之複調對話中的當下此刻

我們這麼多年來在許多情況中參與了對話工作的推展工作，跟兒童、青少年、成人及家庭、以及各類專業人士都有接觸。相當令我們感到訝異的一個現象是：極端看重方法的專業人士在與案主合作時似乎較難採用對話方式。當然，也有看重方法的專業人士很快就能掌握人際關係中的對話性。但根據我們的經驗，有

1　作者原註：第九章會更詳細討論研究設計及研究結果。
2　作者原註：我們會在下一章中指出如何分析對話情境以及什麼因素最能影響成果。並非所有創造對話的企圖都能成功——它們有何盲點或它們錯失了什麼重點？

不少在某種治療法或其他人際工作法上具有廣泛經驗的心理治療師和其他專業人士就是無法相信對話不是方法、而是生命方式。

　　對話基本上並不難學習。如果連嬰兒都擅長此道，它怎可能會有高難度呢？

　　對話是我們在生命一開始就學到的東西，或者——更精確地說——我們並未學習它，因為我們生來就能用對話精神回應他人、也能啟動他人的回應。這個重要的生命特色極其單純，但弔詭的是，就是這單純性成為了許多看重方法者的絆腳石。他們似乎很難相信人際工作中予人自信和力量的關鍵就是被聽見和被回應而已。事實上，一旦給予回應並被對方收到，協助者的職責就猶如已告完成（Seikkula 及 Trimble，2005）。當然，協助者仍須處理對方的某些需要，如社會工作中案主的財務、住處之尋覓、小孩撫養等問題，或無數與課程有關的教學責任以及被協助者的健康狀況等等。這些問題都是案主或學生前來接受協助時就存在的，但我們必須問的一個基本問題仍是：為了增加他們的作為能力並增強其個人資源網所提供的心理助力，我們要用什麼方式來聽他們說話和回應他們？我們並不否認人們有物質需要以及專業人士可提供有形助益和服務，但我們更想大聲說：如果某項協助不含任何人際關係的因素或心理因素——也就是說提供協助時的做法有如用販賣機擲出貨品一樣——那麼誠心回應就沒有發生的可能。

　　如果怕犯錯或被人嘲笑，人是無法學到什麼的。如果自覺被人忽視或得不到回應，人在接受治療時不會開口說話、不會在與醫生約診的時間出現、也不會去聯絡社工。巴赫金說：「對一個字句（因而對說出這字句的人）來講，沒有比得不到回應更可怕

的事了」（Bakhtin，1984，頁 127）。人際工作中最單純的——對某些人來講卻是最難理解的——核心元素就是回應他人、確保他人能被聽見和被回應。無論這有多簡單，它仍要求治療師、老師、社工或其他任何人際工作者必須置身於當下此刻——不僅以「專業人士」的身分，也以人的身分。

　　人際工作者的主要挑戰是：如何以身體情感置身於當下並全面回應他人所說的話，也就是如何活在「只發生一次的存有參與」中（Bakhtin，1993，頁 2）。「置身在只發生一次的時刻」這話也許簡單易解到空洞多餘的地步——我們當然只擁有此刻、每件事也只發生一次，不是嗎？但這裡所說的挑戰仍值得我們深思。在一方面，對話關係的機會僅出現於此時此地，因此我們不可浪費可帶來新可能性的每一時刻。當然，人跟人會再次相遇，只發生一次的存有事件會陸續發生，之前案主經驗中遭到疏忽的某一面向會再得一次機會。然而，第二次機會絕不會與第一次相同[3]。要找回與先前出現之意義一模一樣的意義是絕對不可能的。這樣說來，即使你已與同樣的人見了十次面，每次會談仍會帶來新的意義，因而都是不帶有過去意義的第一次會談。每次對話都會創造新的語言。就是因為如此，我們必須用心關注此刻發生的事——即使所做的討論與會談前發生的事或與將來要做的事有關。

3　作者原註：如我們將在第七章討論的，在某些——事實上都是最嚴重的——案例中，重新一起創造意義是不可能的。

同時並存的幾種語言可為群組締造新語言

　　讓我們在此討論一下一個令人興奮並適時出現的事實：每次對話都能創造新的語言。巴赫金曾強調語言的雜異音原則以及群組語言的觀念（1984）。一切言談意義（discourse）都只產生於某次群組交遇的情境中；即使參加者相同，不同的交遇情境還是會新創不同的對話意義。每次對話雖都會創造出它自己的群組語言，但群組語言並不是固定的語碼系統；它會隨情境改變，因而不同於之前對話所創的語言。文化差異於此扮演了極重要的角色。女性語言會不同於男性語言，何況每個女人的語言也彼此相異。父親的語言不同於子女的語言，心理學家的語言不同於社工的語言，家庭輔導中心的語言不同於精神治療門診中心的語言。這樣的對比名單可以無止無盡，而且各類別之下還持續會有新的細分類別。但語言不會以穩定的語碼系統形態存在於各地方；它們不會一整晚待在精神治療門診中心或社會福利辦公室。它們只存在於參與者在不同活動中討論各自責任的時刻。正如上面列舉所顯示的，個人會同時活在不同語言中。

　　當亞科參加討論的時候，他不僅會以心理學家及家庭治療師的身分出席討論。如果問題牽涉到兒童的話，他會同時以父親的身分參加討論；或者，當討論涉及死亡時，他將會以經歷過喪親之痛者的身分置身於對話中——這些不同的聲音會依不同議題被打開來。專業人士在參加對話時總具有不同身分。他／她不僅是具有專業頭銜及與頭銜相稱之專業知識的人，也是活生生的個人。

　　這只是雜異音原則的一半內容，另一半如下。每次對談所創

的語言不會存在於同批參加者上星期會面的場合，也不會存在於同批參加者下星期舉行的下次會談中。一切都跟被討論的是否為相同議題無關。參加者在兩次會談之間的空檔會跟另外的人有別的對談或跟自己對話。當他們再次會面時，他們的看法已經多少發生了改變。我們在第四章討論多方參與之會談時強調過：在每個專業人士都用獨特觀點看待事情的同時，他們也各有自身獨特的問題，而這些問題或許彼此有關，但不可能相同，因而納入案主之社會資源網成員的討論可以在當下此刻為新意義的創造提供無比豐富的可能性。

一個人會同時活在不同語言中，並在與他人會談時、在那只發生一次的存有時刻與人共創新的群組語言。他們因不同的交遇場合而改變自我並創造新的意義。我們列出了一個人在活動中可能扮演的不同角色，以及由這所產生的各種語言。我們也指出，每個人（無論是否為專業人士）會根據議題和個人經驗在自己身上打開不同的聲音。然而，「角色」一詞並無法完全解釋群組關係，因為它的意指讓我們只能想像群組關係全是固定不變的。

複調世界和複調自我

巴赫金在分析對話時用了一個俄文字 raznie，意為聲音，既指說話的主體，也指意識。每一群組情境都含有許多不同的聲音。在每一個與特定問題有關的事件中、在其相關者互相打交道時，說話者並沒有在傳達訊息之前預想自己要說什麼。訊息是在對談者相界的空間中被建立起來的。如詹姆斯‧維契所指出的（James Wertsch，1991），每起對談都至少有兩個聲音，因此 raznie 這字

應以複數形出現。我們活在繁複的聲音當中，這些聲音會根據我們說話的內容（what）、地點（where）、方式（how）、以及對象（with whom）同時被打開並播放出來。群組世界永遠是複調的。在巴赫金和佛洛席諾夫所描述的複調世界中，具有固定結構的社會「角色」是不存在的，因為其結構總會隨地點改變而與行為者所擁有的現實角色無關。在複調世界中，每個議題都會在新的對話中獲得新意義，因為檢視事情的新語言就在對話中被建構了出來。每個人在群組中的意義和身分也在實際對話中被創造出來，而非一成不變於所有情境中。

巴赫金曾用「複調生命」這一觀念去研究俄國經典長篇小說家杜斯妥也夫斯基的作品（1984）。我們在這些作品中無法確定誰是唯一主角，而且整個故事世界似乎是透過角色間的對話被創造出來，並沒有人預定下步情節該如何發展。所有角色的話都言之有理，並能建構新的理解。由於創造故事世界的是角色間的對話，作者就不再可能事先決定角色的所為有何意義，而必須跟他所創造的角色們保持對話。巴赫金稱此為複調長篇小說（1984）。後來，這觀念再被運用來指出對話精神即是人類用以認知世界的方式。我們所取得的一切知識都是在與特殊問題有關的對話情境中被建構起來的——在這些對話情境中，無論相同的人已多少次聚在一起討論過同樣的問題，所有被討論的事情仍都會取得新的意義。

如果仔細觀察複調對談中的個人，我們看到的不是獨立自主的心靈，而是不斷引動回應和發出回應的心靈。說話的主體（speaking personality）[4] 或意識攜帶了各種聲音（Bakhtin，1984；Wertsch，1991）。主體不是我們內在的心理結構，而是

我們說話時所發生之事，而這——根據史泰爾斯的看法（Stiles，2002）——就是人類意識產生的方式。我們的一切經驗都會在我們的體內留下記號，但其中只有極小部分能透過口語被敘述出來。在被形塑成語言之時，這些經驗就成了我們生命中不同的聲音；而且，一旦被形塑為語言，這些經驗就不再屬於無意識（Bakhtin，1984）。不過史泰爾斯認為：那些我們無法應付而加以潛抑的經驗和情感最後所去之處，較正確的說法應是「非意識」，而非無意識。

　　如能視「自我」具有複調性並且非為內在且獨立的結構，我們就能進一步去仔細分析人類意識中的交互主體性（intersubjec-tiveness）。我們在第五章中強調了他者的他異性和外在性，而複調世界的觀念使這說法更契合整體概念。

　　當一個人調整自己以對待他者並預期回應時，他者在某種程度上就來到了這人的「意識內」，而且——如佛洛席諾夫所指出的（1986）——連外界事物（如會面的房間）也都會成為個人內在結構的一部分。

人與人分界上的空間

　　說話者也許自認是話語的作者，但事實並非如此。每個話語——即使是開場白——都在回應之前發生過的事。所謂的第一位發言者絕不存在於任何討論會中（Bakhtin，1986）。

4　譯註：原文中「personality」一字在此不宜譯為個性或人格。

> 「事實是：在聽者察覺並了解話語意義之同時，他
> 會立即以積極回應的態度對待那意義。」（頁 68）
>
> 「說話者本人也在迎接這帶有積極回應的理解時調
> 整自己……而且，每個說話者本人也多少是個回應者。
> 他無論怎樣都不會是第一個發言者，不會是那首位打破
> 宇宙沉默的人。」（頁 69）

在對話關係中，話語成為了說話者和其對話者共享共有的東西。兩人間的分界、他們的相遇之處成為了重點。佛洛席諾夫說：「……有組織力及形塑力的主體不存在於人心之內（也就是說，不在內心的語碼材料中），而在人心之外」（1986，頁85）。他也進一步說：「……字義位在他與其對話者之間的分界上，但一部分仍屬於他」（1986，頁 86）。說話者擁有一部分字義，另一半則屬於與他對話的人，因此完整字義永遠是各方在某一討論情境中共同建立起來的。說話者必須從頭到尾留意聽者，在說話時讀取對方的身體訊息（如姿態、眼淚等），並聆聽對方回應中的內容和口吻。他／她也必須考慮當時的環境，如是否還有其他人在場、室內是否吵雜等狀況。對話是由無數來自身體感覺的情感因素建構起來的。說話者只在生理層次上稱得上是其話語的主體或作者，因他／她用自己的聲帶把字句製造了出來。但參與者交相構成的整體情境卻能決定語意結構，在人心之內影響語意方向（Voloshinov，1986）。這整體情境成為說話者內心結構的一部分。在說話時，說話者根據自己由身體感知的情感去建構字句，因而會受到下列情況的影響：室內夠暖與否或過熱、家具

的位置、是否需要提高聲音才能被人聽見、是否只有一個人或有更多人在聽我說話。無數這類細節成為了說話者內心的一部分，而這內心構造又會隨每一回應發生變化。這一切都顯示建構對話環境有無比重要性。如果我們創造了一個令人愉快的環境並在開始說話時把所有在場者都納入思量，我們就能鼓舞參與者在對話中具有積極立場，繼而影響對話的方向。比起坐在室內的被動旁觀者來講，積極參與對話的人會更容易成為彼此內心結構的一部分。

所有聲音都有助於實際對話中新意義的創造，但只有一小部分會被大聲說出來[5]。有些聲音會成為具體行動的元素，或會成為群組關係與物質環境的元素，但仍有更多聲音會成為參與者的內心經驗。現在讓我們來探討一下自我對話與外在對話如何在複調人際關係中交互產生作用。

水平對話與垂直對話

芬蘭心理學家高克‧哈勒甘格斯（Kauko Haarakangas）說明了水平複調性和垂直複調性的意義（1997）。水平複調性包括了所有現「身」於對話中的個人，在某種程度上建立了一個對話群組。每個人都擁有自己的聲音；如果想要運用每個在場者的心理

---

5 作者原註：柏拉圖在其早期作品中似乎提到與自我對話類似的觀念：「在思考時，心靈僅在自言自語、在那自問自答、說是說否。費了許久時間之後（或在突然之間），當它做出了決定、當懷疑消失而使兩種聲音一同肯定相同之事時，我們就說那是『它的判斷』」（Plato，*Theatetus*，189e–190a）。

資源，我們就必須讓大家都有權利用自己的方式表達這些資源。

垂直複調性包括單一參與者在水平對話中擁有的所有聲音。如果有人說到他／她已逝的父親，跟所有人之父親有關的所有聲音和經驗就會成為對話中所有參與者的聲音，不管這些聲音有否被大聲表達出來。在某種意義上，所有人際關係都會成為我們的聲音。我們用這些聲音一起討論那些與彼此關係或經驗有關的問題。

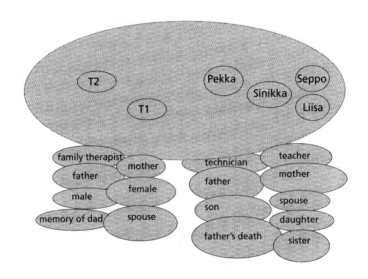

圖二　水平與垂直複調性

*「垂直複調性」＝內在各種聲音

（譯註：圖形上方水平面應指不同參與者 ：T1、T2 指兩位治療師，其他人分別為培卡、席妮卡、賽柏、麗莎；下方垂直圖形分別代表個人所擁有的不同聲音：家庭治療師兼具父親、男性、想念父親者這些身分，母親兼具女性及配偶之身分，技師兼具父親、兒子、喪父者之身分，老師兼具母親、配偶、女兒、姊妹之身分。）

宣稱自己所言為真或忍受不明狀況

在複調世界中，我們不可判斷誰的聲音是正確的以及誰的聲音是錯誤的。所有聲音都極有助於創造新的了解，因而具有同等價值。以獨白為重的思維則會認為不同的聲音有高下之分，例如：在診斷問題時，主要精神治療師的意見會被認為重於「非專家」或沒資格寫診斷書之專家的意見。在複調對話中，專業地位不再居於首要；參與新意義之建構的聲音越多，對於問題的了解就會越具豐富性。

但是，診斷以及引導治療過程的其他重要決定又該怎麼辦？當然，專業人士仍得保有其他活動框架，可以擁有必要的運作空間。並非所有對談都是開放式的；某些專業工作有責任判斷手中問題並將它正確歸類。不同選項依然有對錯之分，在特定時間內只能有一個是對的，而且不同的判斷將會導致不同的確切後果。診斷醫師在做出合乎需要之選擇時必須摒棄其他選項，社工在核發福利時必須遵照一套標準，兒童保護人員在採取步驟時必須為自己的行動找到合理說法，老師在畢業證書上打印分數時必須證實分數有其根據。

在他去世前幾年，湯姆·安德生為他在社會福利及國民健康業務中所見到的三種實際作法（每一作法都會產生其特有的語言模式）做了很多思索（2007）。

1.　在「非此即彼」的作法中，我們處理可知、但已死的問題，也就是說這些問題已經獲得明確定義，而其定義也不會再因情境改變而改變。在某些必須為決策做出正確判斷及歸類

的工作中——如醫生、社工和老師——這種作法是不可或缺的。

2. 在「既此且彼」的作法中，我們處理的問題會有許多同時並存的可能解釋。這些問題是活的，也是可知的。例如，在診斷思覺失調症的過程中，精神病治療醫師的聲音通常會凌駕在其他聲音之上，但在家庭治療的討論會中、在家人及其他專業人士一起參與的家庭會談中，家庭治療師會為不同的聲音創造被聽見的空間，而不斷定誰是誰非，並把重心移到如何傾聽家人用各種聲音訴說自己面對診斷時的感受。病人的聲音和母親的聲音也能為問題之意義提供新的了解。同樣的，在專業人士之間，負責連絡之護士的聲音會跟醫師的聲音同樣有助於取得新的了解。每一次會談都能產生新而獨特的語言，因而說法會隨不同會談不斷改變。

3. 在「既非此、亦非彼」的第三種作法中，所發生之事無法得知，但是活的。我們經歷到正在發生的事，但並未使用明確的語言來描述它。我們也許說不清事情是這、還是那，但我們確知它正在發生。安德生提到握手這件事並以之為例來做說明。握手是我們現「身」於會談時所發生的事，但我們不會用語言去討論它，只讓它成為我們身體經驗的一部分。對安德生來講，這情形正是我們在與案主會面、藉以導致正面改變時最不可缺少的一個面向。正面改變並非由特效療法所導致，卻是由於我們能置身此時此地而發生。我們在第一章中約略提到一位不願立做判斷的醫師。負責處理女性精神病危機的他說自己幾乎無所定見，並說「我知道有事情發生了，但說不出是什麼事。」這適足說明了安德生口中的第三

種作法。在與其他治療師及病人擁有相同的身感經驗時，醫師知道重要之事正在發生，但他無法明確描述它。這全存在於他與人同有的身感記憶中，但他無法用明確語言來描述發生了什麼事以及它為何會發生。

診斷以及其他非此即彼的作法當然有其重要性。例如，為取得服務和支援而尋求問題診斷的案主通常都能及時獲得正確的協助。但是，對所有與問題有關的人來講，單一的解釋以及轉介到服務單位都無法稱得上是大家共同建立、用以了解問題的方式。既此亦彼的作法在看重共同建立了解的工作中──如家庭治療等──非常管用。然而，連這些工作中的專業人士都會忍不住想要控制討論過程、期使自己更能有所定見。事事以目標為重只會阻礙對話；人若為了馴服不明狀況而只尊重自己所信任的手段，那他自然就不會尊重他異性。

強調心理治療中當下此刻之重要性的但尼爾・史登（Daniel Stern）批評了以病人口述為主、然後提出詮釋的心理治療和精神分析（2004）。在心理治療的傳統看法中，治療師是病人故事的詮釋者，因此治療取決於用語言來取得對問題的確定見解。這情形以不同形式發生於不同學派的作法中。史登建議，我們應從確定見解轉移到未言之知──它發生在我們身體感受到的當下此刻，幾乎不帶任何言語。也就是說，在用語言解釋之前，我們必須體察自己身內正在發生的事。我們活在長達不過幾秒的當下此刻──這指的是發生於任何話語或解說之前、存在於治療師和病人之回應意願與實際回應中的微小對話面向，也就是雙方互相敞納的那一刻。

在以創造對話為主的家庭治療中，這意謂重心要從故事內容移轉到展現於故事敘述中的情感。治療師和病人活在共有的身感經驗中，而這經驗在病人開始用言語描述自身經驗之前就出現了。當然，病人故事的內容並非不重要或只需偶而一提，但如果不察故事是如何在當下此刻的雙方之間被說出來的，我們就會完全錯失當下此刻和其所攜帶的可能性。

史登批評了心理治療中治療師是病人故事之詮釋者的作法。這在對話式治療中難道不會發生？「對話教學」呢？這名詞豈不自相矛盾？老師的責任不就在重塑學生的故事？學校不是「什麼事都可以」的地方，是吧？在此我們需要討論一下意圖性（intentionality）[6] 和對話性。

意圖性與相互性

馬丁‧布伯（Martin Buber）[7] 在他討論關係的一篇長論文中（1958）[8] 強調：只有承認他者為另一個我的「我－你」關係才會成為對話關係的基礎。具有目的或利用意圖的「我－它」關係只會物化他者。他認為，真正的「我－你」關係是種理想，乍現而稍縱即逝。「我－它」關係最為常見，但並不邪惡，是我們在種種專業立場和機構立場上必須與之共存的一個事實。但這種關係不該被賦予主導地位。在真實之連結和相互性無法出現的關係中（即使它們名為對話關係），「我－你」理想的調向（orienting）特點有必要受到特別重視。布伯認為教育和治療即是兩種缺乏真實相互性的對話關係；關係或會變得非常密切，但不是我們在家庭中可見到的相愛關係。「愛」（Eros）之原則於此不如「自我禁

制」（ascesis）原則來得重要，使人徘徊在親密與疏離之間[9]。

　　如上提到過的，史登批評了視治療師為病人故事之詮釋者的治療方法。羅傑‧洛伊則發現企圖引導治療過程的作法具有「獨白」關係的特色（Roger Lowe，2005，頁 70）。他在比較家庭治療中的故事作法和對話作法時說：

> 　　對話作法……只隨對話前進，但故事作法（或以解決問題為主的作法）常想引導談話。對話作法努力保持對話精神，但解決問題的作法及故事作法很可能成為獨白（也就是說，治療師意圖根據自己的預訂計畫去「編出」病人的生命故事）。

6　譯註：意圖性為存在主義哲學的一個重要概念，意指個人或團體藉有意識之作為去認知或影響外在世界（他者、客體、外物）。存在主義哲學為此提出警告，指出外在世界或他者也不斷在認知之主體身上發揮影響或作用，因為前者也自有主體性、是另一個「我」。

7　譯註：馬丁‧布伯（1878-1965）為二十世紀著名的以色列籍存在主義哲學家，以其對話哲學（philosophy of dialogue）著稱於世，指出人基本上用「我－你」（I–Thou）（對話）與「我－它」（I–It）（獨白）兩種態度建構自己的存在意識。

8　譯註：指布伯的名著 *I and Thou* 一書。

9　譯註：布伯在 *I and Thou*（1923 年初版）一書中曾論及「我－你」對話關係是人類出現之時或個人誕生之時本然即具的生命形式（如我們在原始部落或嬰兒身上所見），也就是與人親密相連的關係。但在 1951 年出版的論文〈距離與關係〉（"Distance and Relation"）中，他認為「關係」（包括對話關係和獨白關係）之概念實際上預設了距離之存在，也就是說人與人或人與物原本就互相有隔、有分界。為此，人可有兩種選擇，一是與他者進入「我－你」關係、以縮短距離，一是退縮到「我－它」的生命方式、拉開與他者的距離。

　　相較於故事作法和解決問題的作法，對話作法中的治療師採取了大為不同的立場。治療師不再是手拿藍圖以詮釋病人故事的干預者。相反的，他們把重點放在如何回應病人所說的話，因為他們的回應將能發動病人自身的心理資源。讓我們再引述一下巴赫金的話：「對一個字句（因而對說出這字句的人）來講，沒有比得不到回應更可怕的事了」（Bakhtin，1984，頁127）。尊重「每句話都需要回應」之原則的小組成員隨時都會努力回應別人所說的話。回應並不等於提出解釋或詮釋，而是治療師在其回答中顯示他或她有留意到對方所說的話，並願利用機會為這話開啟新的觀點。

　　回應對獨白來講也很重要，因為若沒有回應的聽者，獨白之言是無法存在的。回應是語言的基本要素之一。獨白會等候同意或不同意的回應，但一有了回應，兩造往還就結束了，因為它只容許一個正確判斷。在獨白的對話中，說話者常需為自己的所言提出辯解，因而常抱著自我防衛的心態。治療、教學、社工服務等都有可能為權力遊戲打開大門，而那些沒有站在它們所屬機構之立場上的人是不可能占上風的。但在對話中，用以建立新了解的回應就有極為不同的意義：對話中的話語並不在等候同意或不同意的回應；它等候的是能為話語打開新觀點的回應。

　　根據布伯的說法（1958），獨白關係是因區分主客體而起。在「我－它」關係中（其中的他者不是另一個我，而是我為達到目標所使用的他物或工具），世界是由我來組織、控制和以概念標明的對象，然後再現（represented）[10]於我的意識中。

　　讓我們來回想一下發生於義大利布雷西亞第二綜合學校的事件。老師謹慎地不把自己的想法加諸學童身上，反而聆聽學童要

說的話，因為讓學童覺得安心是非常重要的。在當下此刻回應學童是輕鬆氣氛得以形成的原因。老師沒有用「指導」方式去把學生誘離他們自己的經驗，或要他們採用學校教學所允許的表達方式。老師只對學生實際看事情和感覺事情的方式抱持著敏銳的興趣。同學嘲笑費德利佳「只知道流口水」的言語並沒引起排斥的回應，而是使老師接著問學生們對此是否還懷有其他印象，而這又接著讓大家打開眼睛、看到費德利佳所具有的其他能力。在教室裡，連錯誤的答案都不會受到嘲笑，反而成為有趣的假設，而對話為學童獲致結論提供了各種途徑。

　　然而，對與錯的答案還是存在的，教育的目標也必須要達成。心理治療的目標是療癒，社工服務的目標是解決社會問題。這些目標都是透過帶有意圖性的過程來完成的，而意圖性——根據布伯的見解——就是導致獨白式之物我關係的原因。再且，為心理問題而求助的人和接受學校教育的學生跟提供這些服務並因此獲得報酬的人是不會有相同立場的。在許多狀況下，我們都看不到存在於家人間的那種相互性，而且專業人士和案主共同經歷的過程也都只是短暫之旅。但無論如何，關係可以具有對話性。布伯認為對話式教育有三個先決條件：

1. 聆聽：能感知學童的全部生命，不只他／她的智商能力。
2. 察覺成長中的個人有何個別需要。
3. 無條件接納並尊重每個學童的獨特生命。

10　譯註：即非以原貌呈現。

第三個先決條件是最基本的。這些先決條件也離心理治療、社會工作及其他人際工作不遠。

在一篇討論布伯之觀念及梅洛龐蒂（Maurice Merleau-Ponty）[11] 之哲學的長論文中，維利馬提‧維律[12] 強調了不對等關係中的相互學習（Veli-Matti Värri，1997，頁 67）。在教校方要求傳授的文化遺產時，老師是師生夥伴關係中較有經驗的人，但他／她與學童生活在不一樣的處境中，也不會跟學童有相同的未來。因此對老師而言，學童既是熟人、也是陌生人，是一個唯有對話關係才能善加對待的神祕人物。

列夫‧維戈斯基（Lev Vygotsky）的著名概念「兒童潛能發展區」（zone of proximal development）可以幫助我們了解及分析學習者與其更具能力之師長間的關係，也就是師長如何幫助學習者去觸探個人還不能掌控的領域（Vygotsky，1981）。我們要指出：這種關係也是師長的潛能發展區，其中充滿了師長被學童教導的可能性。維律（1997，頁 93）也用了類似的教學互長觀念來描述教育中的對話關係：透過兒童，教育者有可能更深入了解每個人成長的共同先決條件，但同時也會——這點更為重要——發現自己的技能和知識有其極限。就是對話式教學所揭示的這些經驗使他／她得知自己能授與和不能授與什麼。

保羅‧佛雷伊雷[13] 的名著《為被壓迫階級設計的教學法》（Pedagogy of the Oppressed）一書講的就是教學互長的觀念（Paulo Freire，1970／2006）。對他而言，對話是爭取權力過程中重要的一環——經由對話，被壓迫者方能取得主體地位，而不再是客體或外物。在對話中，學生和老師同時也是老師和學生。

學童和老師、病人和治療師、案主和社工彼此不會有相同的生活處境，但他們在相遇時分享了許多只發生一次的當下時刻。他們在相遇時分享這些時刻的方式會大大影響他們的作為能力。我們有必要進一步討論這些相遇經驗，藉以了解對話的對話性出自何處。

從個別認知到交互主體之知——試探對話性的本質

出現於對話中的是交互主體意識（intersubjective consciousness）。我們是在調整自己的行動以適應他人的行動之際建構自己社會身分的。人只有在彼此有真正接觸、彼此調整（有如不停共舞）、不用言語控制和思索自己的行為時才能成為真正有生命的人。他們會感知別人對他們的看法，也會因此獲得了解自己的機會。巴赫金認為，我們用這方式認識的自己是我們在看見他者眼中的我們時所取得的（1990）。由於發生於剎那且未經語言傳達，出現在他者眼中的這種回應不會帶有任何思索。在他者這種不帶思索的回應中，我可以知覺到自己是否被他／她接納。

人不是僅偶而受到他人「刺激」、但大半時間深居獨處的觀想主體。我們打從一開始就具有交互主體性。透過對母親與嬰

11　譯註：梅洛龐蒂（1901-1968）為法國現象學哲學家。

12　譯註：維利馬提·維律為當代芬蘭教育哲學家。

13　譯註：保羅·佛雷伊雷（1921-1997）是二十世紀著名的巴西籍教育學者。

兒間之溝通模式所進行的一系列研究，寇文・崔華生證明了人之意識具有交互主體性這種特質（Trevarthen，1990；2007）。在仔細觀察家長與嬰兒時，崔華生發現人最初的對話經驗在其生命開始後的頭幾天就已經發生了。藉著臉部表情、手勢和發聲時的口吻，家長和嬰兒會互相調整情感音頻而進行微妙的共舞。這是真正的對話——嬰兒的動作影響了成人的情感狀態，而成人經由關注、刺激和撫慰也影響了嬰兒的情感狀態。在研究中顯示母子彼此用節奏感和音樂性互調頻率時，崔華生也以敏銳的觀察力指出：新生兒已經具有能力，可以在回應中有節奏地適應成人。對崔華生來講，這是全體人類的生命基礎：「生命不是心理狀態，而是音樂」。費華茲蒂波申奇和柯柏芝文利則進一步指出（Fivaz-Depeursinge & Corboz-Warnery，1999）：研究者必須把重點從兒童發展過程中的兩者關係轉移到三者關係。她們發現，早在四個月大的時候，嬰兒就已在三角關係中做出動作來，會留意雙親的一舉一動，而非只有母親的。她們認為，決定性的一步發生於兩者關係轉成三者關係之際，也就是從僅與一個成人打交道的情形轉為三角關係的共與情境（其中至少有三個參與者）。在此，刺激並非來自所做之事，而是來自互動的參與者[14]。身為人類的我們生來就進入多重關係中，而新生兒天生就有能力跟摸他／她、在他／她身旁的人共相對話。對嬰兒來講，重要的不僅是母子互動關係，更是全體「關係村民」的互動關係（Hardy，2009）。人心就在這多重關係的複調雜音中被建構起來，而這建構過程也形成身體的全面經驗。嬰兒生命開始時所遇見的種種關係成為了他／她生命的聲音，而這些聲音總會在關係情境中被啟動。

　　這原始經驗中的身體因素包含了經由人際對話才得以展

開的大腦成長。湯馬塞羅等人用交互主體性和合作來定義人類
（Tomasello，2005）。他們主張：大腦新皮質的發展與人心「積
極社會化」的特質有密切關係——這些與非人類動物相較而凸顯
的特質包括：更多合作、交互主體性、語言和文化。這些面向似
乎與大腦右半球有特別關連，而大腦右半球的主要職責就在處理
人在人際互動之時用身體經驗取得的默會知識（Porges，2011；
Quillman，2011；Schore，2009）。以關係為取向的人心似乎
具有雙重運作模式：首先它含有我們此刻擁有的生命關係，其次
它是由我們一生中的所有關係（我們「心內的各種聲音」）組成
的。這些內在聲音主要跟右腦傳到右腦的默會訊息有關，顯現在
我們的情感經驗中。心理治療的一個工作就是透過共與過程用語
言把這些存在於身體、無能言表的情感表達出來。人心的這兩種
面向（外在關係和內在聲音）同時出現在每一個互動情境中。以
關係為取向的人心是由所有參與者形成的一種東西。首先，它會
積極將其他參與者的行動同步化於自律神經和中樞神經，以及語
言。其次，當身體內在的默會記憶被啟動時，它會活躍起來，而
賦意義於這些記憶的回應時刻對每一個參加者、當時情境、以及
當時的問題來講都具有獨特意義。

　　專業人士在對話的人際工作中會回應每一句話，因為巴赫金
說：「對一個字句（因而對說出這字句的人）來講，沒有比得不
到回應更可怕的事了」（Bakhtin，1984，頁 127）。只要尊重

14　作者原註：難怪許多社會學家會認為三者關係（triads）是社會關係的最小
　　單位。在三者關係中，每個人都跟另兩個人有關係，同時也跟自己有關係。

「必須回應每一句話」的對話原則，小組成員就會盡力去為對方所說提出回答。但回答指的並不一定是提出解釋或詮釋；我們也可用回答顯示自己有留意對方所說的話，並願利用機會為這話開啟新的觀點。我們無需再做一個拿著藍圖去詮釋病人故事的干預者。相反的，我們把重點放在如何回應病人所說的話，因為我們的回應將能發動病人自身的心理資源。

在布雷西亞第二綜合學校中，老師設法確定全體學童都能參與「人是什麼」這個題目的討論。但這並不會要求所有學童必須不斷講話或要求老師必須對學童輪流發問。老師需要謹慎地用眼神、微笑、話語和手勢回應每一個人，隨時保持敏覺，並在當下此刻全面回應年幼學子由身體流露的情感[15]。

對話作法源出於人之本性

採用對話作法的人際工作者在回應案主、家人和學童的話語時視他們為具有全面身體感受的人，對室內每一個人想說的話都抱有真誠的興趣，並避免暗示有人說錯了話。他們順應自然產生的對話節奏。由於對話過程可讓人找到聲音，參與者同時也成為了自己的回應者。對說話者來講，聽見別人慎重複述並回應自己所說的話，會使他們更有可能更了解自己所說的事情。如果能用案主／家人／學童所熟悉的語言表達出來，專業人士所提的問題就可讓人更容易在說自己的故事時把日常生活的細節和所述事件所帶有的情感一併講出。

我們根本的信念是：對話會談需要的就是回應，此外可說別無所求，因為這與我們在誕生之時所領受到的對話經驗是相應

的。被人聽見是人一生中最原始的經驗，其重要性對人的生存來講不亞於呼吸。

就是大大有效

在因深度憂鬱症而自殺不遂後，佩卡被轉介來接受心理治療。他的妻子和兩個已成年的兒子也參加了會談。如我們之前提到過的，自我對話——也就是垂直複調中的各種聲音——會隨對話主題被「打開播放」出來。在這案件中，佩卡時時擔心自己的工作、無法完成的責任、以及婚姻中的難題；他也因此擔心自己對待兩個兒子時所扮演的父親角色，並因而常想到自己與父親的關係。佩卡曾主動要與長期互不往來的父親重建關係，但他父親在答應重建關係後不久就去世了。父親的聲音在第一次會談中就出現並受邀加入對話。在下面的摘記中，P 代表佩卡，T 代表治療師。

　　T：父親是什麼時候去世的？

　　P：四年以前。

　　T：如果他……如果父親可以聽到我們現在說的話，他會怎麼說、或者他會為現在的情況提出什麼建議？

　　P：嗯……喔……我相信爸爸……爸爸會為這感到十分難過。他一定會表示他的同情和……

15　作者原註：任何有經驗的老師都曾感受過教室內的情感氣氛，好像有第六感似的。重要的不僅是大家言語中的內容而已。

T：和什麼……他會如何表示他的同情？他會怎麼說？他會
　　說什麼？

P：嗯，他……他有點老派，不會把所有事情都表達出
　　來……

T：嗯……

P：……他當然會想鼓勵我……

T：是的。

P：……我想他會心平氣和地面對這狀況。我只能說這麼
　　多。

T：但是你說？你認為他會鼓勵你並表示同情……然後……
　　我似乎聽到你說……你說他在某種程度上會了解這狀
　　況？

P：是的。我是家人中唯一能應付父親的人，在他……

T：是的？

P：……在他老了以後。

T：……他會鼓勵你並表示同情……如果你母親現在仍可跟
　　我們在一起，你想她會怎麼說？

　　除了是位受過訓練的治療師（並接受過其他專業訓練）之
外，治療師也以具有身體感受的個人身分置身在會談中。如果他
／她曾經歷過親人的死亡，這些喪親之痛的聲音會成為複調性的
一部分。但這並不意謂治療師必須講出自己遇到的死亡事件。治
療師如何順應當下此刻、如何坐著、如何注視其他說話者、如何
抑揚頓挫等等——這一切才是決定他們是否真正置身現場的因
素。內在聲音應成為當下此刻、而非被說故事的一部分。即使治

療師沒有講出自己個人的私密經驗，由這些經驗所產生的內在聲音仍會成為對話共舞中重要的一部分。

讓我們來看一看第二則摘記。治療師表達了些看法，但沒再多說什麼；他沒有急忙下結論，而是留下對話的空間。

彼得是麥特的弟弟，後者長年因患有思覺失調症而住院。彼得希望能舉行家庭會談，因為沒人願意開口談家庭的過去歷史。彼得、麥特和他們的母親蘇珊一起到心理治療中心的治療師那裡，說出他們的悲劇始於二、三十年前他們大哥意外死亡的那一天。悲傷難抑的雙親對子女不理不睬，以致麥特——他只比彼得大上一些——成為了彼得十歲時生命中的最重要人物。但不久麥特就不再上學，把自己孤立在朋友和家人之外，並開始嗑藥，繼而經常陷入難以預料的發作狀況。這成為彼得的惡夢；當麥特一步一步變成了精神病患者的時候，彼得飽受恐懼和心理創傷之苦。在那期間，彼得從未受邀去參加家庭會談，而且連他母親都無法解釋麥特出了什麼問題。心理治療師第一次見到麥特的時候，他自十八歲第一次住院後已在醫院待了二十五年。

對話從一開始就遇到了許多敏感問題。首先，母親說她不想舉行家庭會談，因為她怕談論過去的敏感記憶會使麥特的精神病再次發作。的確，在講到一個充滿情緒的問題時，麥特突然開始錯亂地講起故事來。治療師這時便問麥特：是因為他剛才說錯了話，麥特才開始講這些事情嗎？然後他問是否可以繼續談論他們從開始就在談的題目。麥特的答覆是：治療師大致上沒說錯過什麼，大家可以繼續談原來的題目。麥特精神錯亂的談話逐漸減少，最後大致也停了下來。

下面一串對話發生在會談進行了約兩年之後。彼得第一次能

在家人面前設法用話語描述自己的恐懼經驗。P 代表彼得，T1 代表男治療師。

P： 沒有人承認我的存在。

T1： 沒有人承認你的存在？

P： 我這一生都被家人排斥在外。我終於想擺脫這共生結構帶來的混亂了。

T1： 你說「我這一生都被家人排斥在外」，又說「我終於想擺脫這共生結構帶來的混亂了」。聽來你好像同時說了兩件事。

P： ⋯⋯是的⋯⋯我是那樣說的⋯⋯但我現在對此沒有別的話可說了。

T1： ⋯⋯好的。

當彼得第一次解釋自己的經驗時，治療師複述他的話。這方式常有助於在充滿情緒的情境中創造對話。在別人逐字重複他所說的話時，說話者會在自己的話中聽到不同的音調。巴赫金說到「被滲透的字」（the penetrated word），也就是被另一人的字調所滲透的字；這樣的字「能活躍而自信地干預對方的自我對話，幫助他找到自己的聲音」（Bakhtin，1984，頁 242）。

當治療師複述他的話時，彼得因而有機會聽見自己說出的話。在治療師複述彼得的話並說出「聽來你好像同時說了兩件事」的看法後，大家一時都沒有講話。這沉默的時刻、這只有幾秒鐘的當下時刻讓彼得可以肯定這些話是他說的，也讓他發現自己在當下無法用別的話來敘述問題。似乎同等重要的是，治療師們並沒有藉進一步表示看法來把自己的詮釋塞進這時刻裡。這時

刻之所以重大，也是因為麥特和彼得的母親當時在場並第一次聽
到這些話。

　　第一則摘記中的案主佩卡從憂鬱症中復原了過來，但他的婚
姻還是有問題。在彼得及其家人的案例中，每個人的個人生命和
彼此互動都得到了改善。麥特這些年來不再有精神錯亂的行為，
也沒有再住進醫院；他和彼得兩人也學會如何相互對話。家人在
會談後期也開始討論大哥和大家對他的死亡所帶有的記憶。他們
也開始互相關懷，在分裂三十年後終能像真正的家人一樣相處在
一起。彼得終於認可了自己的原生家庭。

如何置身於此時此地——簡引

　　為了總結前面幾章並結束此章，我們要把改善對話技巧的基
本方法摘要如下。我們認為，對話精神指的就是盡可能以身參與
此時此地，而值得人際工作者注意的方法至少有下面幾項：

● 不要依附在過去的故事上，但要留心實際對話中的話題。
　　每個人都會在交遇場合選擇自己要回應的事。回應此時此地
　　發生於參與者之間的情況才能打開各種可能性。例如，如果
　　有人在說到與情感有關的話題時情緒波動了起來，我們就必
　　須為之保留空間，不要急於談論下一個話題。當然，由於人
　　在述說自己的生命故事時能為此刻的討論提供話題，這些故
　　事仍是不容輕忽的。

● 聆聽案主的故事，不要輕易提出自己的建議。
　　對話作法以聽取案主／病人／學童所說的話為出發點，而非

由專業人士來建議討論的主題。當然，對教育界、社會工作、以及負責危機處置並需擬定治療計畫的公部門來講，為了有必要完成專業責任，有些主題是必須被涵蓋的。對話技巧於此所面臨的挑戰就是：如何保持對話精神並增加可以動員的新資源。不但不硬性規定主題，對話工作者還會隨時尋找時機、根據案主／學童所言來創造新主題。所提出的問題必須能鼓勵思想探索，而非在引導對話之進行時無法容下可提供進一步了解的觀點。在回應答覆時，一個有用的方法即是：逐字複述答覆之語中的一部分，然後要對方再說得更詳細些。

● 務必回應對方所說的話。回應是全面的，並與身感情緒有關。

要記住：盡可能回應會談中的每一個話語。雖然我們不可能回應每一個細節，但這原則或許可助我們調整心態，讓自己隨時都能用某種方式保持聆聽，比如用點頭的方式表示自己聽見了參與者彼此互換的看法。

● 留意不同的聲音——內在聲音和水平的複調聲音。

我們不僅要針對說出的話、也要針對參與者無言的反應發出回應。我們能聽得到參與者的水平複調聲，但垂直的內心聲音只會在言語吐露之時以情緒顯示出來。這聲音的初兆也許不如可見的反應那般明顯，但專業人士可透過內在的身體情感察覺到。如果我受到了衝擊，另一個人也極有可能受到衝擊，更有可能的是其他某些參與者也受到了衝擊，但沒人將之講出來。專業人士的責任不在用言語來說明這些情感，而在——例如——放慢進行速度，為這些情感騰出空間。

● 傾聽你自己用身體情感做出的回應。

這與上述有關。對話技巧之一就是認識案主故事有可能在我們身上引發的一些聲音。心理治療師和社工人員所處理的人生難題總會在他們自己身上引發情感反應。

● 找出時間與同事一起藉討論來反思問題。

小組共事或至少與一個夥伴共事都能增加複調對話的可能性。要利用這樣的資源，專業人士需要知道如何在案主面前互做討論。討論的內容包括治療計畫及其他與會談過程有關的事項，另一方面也包括在對話中從事反思。公開討論手上的問題會使專業人士具有透明度，這對案主在過程中取得更多作為能力是很有幫助的。藉對話從事反思則是在聽案主說話的過程中與同事分享自己的看法。湯姆‧安德生認為反思過程就是說與聽之立場的輪流轉換（Andersen，1992）。當案主聆聽反思中的專業人士說話時，他們會進入自我對話中，而這些自我對話具有內在與外在兩種複調框架，也就是垂直和水平複調的框架。

● 讓你自己說的話具有對話性；邀請回應，並用第一人稱形式說話。

比起與問題相關之個人所說的話，堅定不移、「無主詞」的陳述句是無法創造並培養出相同對話性的。對話只能存在於有身體感受的個人之間，因而不應使用綜括性說法。在邀請對話回應時，最好使用如下的語言：「我覺得我不大了解你的想法」、「這是根據我的經驗，但我不太確定」。

● 保持平順的過程；靜默時刻有益於對話。

這最後一點把我們在名為「生命是對話音樂」的這一章中所

要傳達的訊息做了摘要。這一點也可能是最具挑戰性的面向之一。寇文‧崔華生曾談到新生兒與成人互應時的協調節奏。對話者間的對話節奏實有賴於停頓和靜默時刻；就是這些時刻使人不僅更能大聲說出自己的想法，也能在聽見自己所言和別人所言當中創造自我對話的聲音。生命的對話音樂發生於彼此互應、互相調頻的作為中。要讓人同時能看到自己和別人，這些靜默的調頻時刻是不可或缺的。

【第七章】 如何使多方參與之對話中的回應具有意義

　　對話作法最重要的一個面向就是無條件認可別人的聲音，藉以為之前無從用字句（以致無從用語言）說出的經驗找到字句。本章的目標在於分析我們可透過何種方式落實這樣的過程。是否有某些討論方式較能促進對話？是否有某些方式不太能創造對話？是否有某些方式實際上阻礙了新字句的產生？我們的目標是要指出促進和妨礙對話的因素。

　　我們在前一章中摘述了能夠創造改變的對話因素。如要進一步分析對話中的療效因素，我們有必要先討論所使用的方法。某些研究雖已找到有助於對話成效的因素（Haarakangas，1997；Seikkula，2002；Seikkula 等人，2011），我們還想對此續作進一步討論。

　　我們關注的是多方參與的對話，而非一個訪談者和一個案主之間的對話。有不少研究已經討論過兩者對話，而伊凡娜‧馬可娃和佛帕即是其最早經典的作者（Markova & Foppa，1990；1992；1998）。馬可娃尤其對心理學領域的對話方法做出很大的貢獻。她在早期的研究中曾探討一對一對話，但後來她也為聚焦小組（focus group）研擬出不同的對話方法。由於缺乏方法來使多人參與的對話產生實效，亞科也曾自行設計出一些方法。他的對話探討最初是以期刊論文形式發表於 2002 年（Seikkula，

2002），經過增改後再於 2011 年以專書形式問世（Seikkula，Laitila & Rober，2011）。他所提出的工具「促成改變的對話方法」（Dialogical Methods for Investigations of Happenings of Change）重在了解回應之行為，因為——如我們已得知的——創造對話的是回應，而非特定的發問形式。

在危機中創造對話

開放式對話中的治療目標是要共同創造語言，用來說出原本只能以身體症狀顯示的經歷。這些身體症狀可以包括：精神錯亂的妄語、私密的內在聲音和幻覺（Holma，1999；Seikkula 等人，2011），以及憂鬱症、焦慮症、恐慌症等等。我們迄今為止所做的研究都著重在精神病與憂鬱症危機、親人暴力（Räsänen，Holma & Seikkula，2012）、新住民心理健康服務（Guregard，2008）中的各方專業人士對話。

危機是創造新故事的機會；以症狀顯示的經歷可透過故事中聽與了解的共同演變穿上以字句編成的新衣（Hoffman，2000）。實際上，傾聽將比提問之過程更為重要。因此，在治療會談中最先提出的問題要越開放越好，讓家人和案主社會資源中的其他人都能獲得最大機會去談當時對他們來講最為切身的題目。小組不應事先決定話題。

要能從一開始就創造對話，提問者必須回答病人或其他人所說的話。但其回答通常是以進一步發問的形式說出的，而問題會以病人先前的話為根據。每一個口語陳述或吐出的話都需獲得回答。話語和回答的互相搭配能使對話具有「對話性」，而不致成

為只有說話者、而無聽者參與的「獨白」（Voloshinov，1996）。

妄語是眾聲之一

　　在開放式對話中，討論開始於每個人都到場後，而且治療小組盡可能在事先不訂任何計畫。小組並不想發現家人的行為模式、然後用干預手法去改變他們的互動，因此沒有必要為會談設定什麼策略。由於把目標訂在創造對話、使隱藏於幻覺中的經驗獲得被說出的機會，參與者——包括小組成員和案主個人社會關係中的成員——必須在對話中使用相同的語言[1]。

　　在對話中，每個案主都會受到自己內在語言的影響，會開始用語言去述說他們感覺中最刺心的經驗。對一個被轉介來接受治療的病人來講，幻覺無疑是可怕而難以理解的現象。當對話觸及與精神病有關的話題時，這類現象常很容易出現。幻覺似乎有一個特徵：它們總與病人早年的極端經驗或受創經驗有關。病人常會講到他們生命中真實發生過的事情，但在場的其他人無法了解他們在說什麼。實際上，幻覺可以讓他們過去經驗裡的某些主題獲得被說出的機會——即使他們說的話只是隱喻。有意創造對話的專業人士不會「以事實為重」而對病人說「這些經歷都是屬於你精神病的一部分」。要能創造對話，較好的方法是：暫停其他對話話題，然後藉發問來表示自己對錯亂言語感到興趣。可以用這樣的方式問：「等一等，你說什麼？我聽不大懂。你

1　譯註：原文「common history」應是「common language」之誤。

怎可能控制你鄰居的思想呢？我從沒做過這種事，可以請你再多告訴我一點嗎？什麼時候開始的？隨時都發生嗎，還是只在早上或晚上？」也可以問其他在場的人是否聽懂病人所說的話。如此做時，小組會創造出一種氣氛或一種態度，讓各種話語都受到尊重並被視為可能，甚至連精神病患表達自我的譫言妄語都能成為對話中的一個表達方式。病患因而可以談論那些可怕並怪異的經驗，並讓幻覺中的種種聲音成為所有對話聲音中的一個。在這樣的對話中，病人和家人都成為了重建與復原故事的創作者之一（Stern 等人，1999；Trimble，2000）。

病人開口說出別人聽不懂的話，但治療師卻發現其中帶有精神病發作之兆──這樣的時刻對於後來的對話特具重要性。精神錯亂的話語多發生在第一次會談開始之時，較少發生於一系列會談將近尾聲的時候。這是在面對令人慌張的新狀況時可被理解的反應。當時家人都不知所措──至少在精神病第一次發作時，他們都是這個樣子。如果妄語發生於對話進行到一半的時候，大家很有可能正在討論與妄語所藏之經驗有關的話題。我們在這時最好打斷進行中的其他對話，藉為妄語創造一個空間，使其可以成為各種聲音的一部分。下面的案例可以說明精神錯亂在會談中發生時的情況──它似乎是在小組藉發問打開新話題時發生的。

案例：父親的聲音「導致」精神病發作

安妮塔在母親的建議下連絡了精神病治療綜合診所。她在第一次會談的開始談到自己害怕變成瘋子。她在開始時用了非常連貫的思路談論自己的恐懼，並說自己兩個月以來都在失憶狀況

中。雖然她記得較早的事，但她不能確知最近發生了什麼事。她也說，她懷疑自己曾跟人爭吵、甚至打了對方，但她無法正確記起實際狀況。她自己說她可能患有妄想症。下面一串對話發生於第一次會談開始的時候。A 代表安妮塔，T 代表治療師。安妮塔和三個治療師出席會談。

> T1：我們該從哪裡開始？
>
> A：　我真的記不起自己生活中發生的任何事。
>
> T1：你記不起任何事──這情形很早以前就發生了嗎？
>
> A：　我不確定這是否已經發生兩個月了。我記得自己有否聯絡過別人……但我一走出門，我連自己是否曾經在家都不知道，也不知道我會突然出現的地方是這裡……
>
> T2：你跟誰住？
>
> A：　我一個人住，但現在我已經搬去跟父母住……
>
> T1：你一個人住的時間有多久？
>
> A：　嗯……三、四年。三年。

在回答第一個問題時，安妮塔說出了自己經驗的主題。小組用接下來的問題去回應安妮塔的回答。對話從一開始就提供了許多資訊，因此小組很快就對安妮塔現況的相關問題取得若干了解。她懷疑自己可能有嚴重問題，但她能清楚描述自己的狀況。雖然她說到奇怪的經歷，她說話時並沒有精神錯亂。當她開始更多談起家人的時候，某種變化就出現了。

> T1：是誰要你來這裡的？
>
> A：啊……是我母親。
>
> T2：你媽媽擔心什麼事？

A: 我不知道我有沒有跟她談過。我實在記不得任何事情。
  我覺得我曾打了誰，但我什麼都記不起來。

T2: 有人對你那麼說嗎？

A: 沒有。但我有妄想症並失去了記憶。你認為我有問題。

T1: 你父親呢？他有沒有擔心？

A: 我不知道，但昨晚我們看電視的時候，他去睡覺了，今
  早又去上班了。

T1: 你回去跟父母住以後，情況如何？

A: 啊……我怕別人，我跟這些傢伙吵架，嗯……我怕他
  們，你知道……他們打了我房門的鑰匙，然後……他們
  進來強暴了我，還做了所有這些事。

T1: 在五月的時候？

A: 我那時住在我的公寓裡；你知道，有人進入我的公寓。
  他們是在勒索、還是怎樣？……還闖入偷鑰匙。他們複
  製了一把鑰匙，可以隨時走進來。我不知道那是否發生
  在我睡著的時候……他們給了我一些藥丸，我就變得昏
  沉沉的並開始……我不知道。如果你在不知情狀況下把
  藥吞了下去，然後你進入她的公寓，他們等妳睡著了，
  然後用他們自己的鑰匙開門進來……

　　安妮塔最初在描述自己奇怪的經驗時能視它們為自己的想
法，小組也可以理解她的困境。雖然她描述的經驗跟精神錯亂有
關，但她本人並沒有精神錯亂，要直到小組問到她雙親的關心方
式時，她才開始語無倫次起來。尤其在講到她父親時，她的焦慮
更為明顯。她說到街頭的一幫人能進入她的公寓，而且他們還強

暴了她。由於她的故事變成了更可怕的一個故事，她不再描述自己對失憶的恐懼，反而在恐懼中說起對她來講是真實的一個情況。

這一切似乎發生在小組問到她父親如何關心她的時候。小組成員在這次會談中不解其故，但在後來的治療過程中，大家逐漸獲悉了她父母嚴重不睦的狀況。她父親是酒鬼，她母親有憂鬱症。病人也相信不見的人都是死人，這可能曾使她在描述父親如何關心她時說他早上去上班而不見了蹤影。在某種程度上，精神病發作是因小組問到她的雙親、尤其她父親而發生的。當然，小組無法不問這種問題，因為他們事先並不曉得那些與精神錯亂有關的無言經驗是什麼。但小組可以做的是給予回應，藉以鼓勵病人對她認為發生過的事再多做描述。妄語述說的故事成為了對話聲音中的一個，而治療師的責任就在了解這個故事。

在對話式的治療中，我們事先不需搜集太多資訊；所有相關資訊都會出現在治療室內。我們也不需要像家人互動治療法一樣去判斷行為互動模式或精神病症狀如何影響了家人的互動，卻需要在對話中作出回應，將自己置身於對話時刻。對話本身就是我們努力以赴的目標。

小組是共通語言的啟動者

在開放式對話會談中，與病人最相關的親朋好友參與了會談，因此這些親朋好友分享了從一開始就出現的新理解。創造對話可以使倍感擔心的至親被人聽見並為自己找到協助。病人常在第一次會談時就能脫離精神病發作的狀況（Alanen，1997），而

這之所以可能，有一部分原因是他／她感知到自己生命中最重要的人為他／她組成了一個共同體。另外，小組的責任也在為家人創造空間，讓他們能把所經歷到的衝擊講出來。要做到這，小組必須盡可能關注自己所做的回應。

專業人士的反思對談也稱得上是一種回應方式。治療師常在會談中的某些時刻想交換他們對家人所說之言的感想。這種反思對談發生在所有參與對話的專業人士之間，無需另組特別小組。在反思對談後，專業人士會問家人對他們的感想有沒有意見。會談結束前，有人會為所作的討論和所取得的協議作總結。遇有危機案例時，最好不要快速做出定論或決定，而是要建構開放的會談環境。

專業小組的討論還有另一個重要面向：一切為治療所做的決定都是在所有出席者面前以透明方式做成的。住院或出院的決定、用藥、選用不同療法——這些議題都經過公開討論，因而病人可以目睹並參與一切，也可以影響決議的內容。最好要列出數個選項，以免讓人誤解只能有一種做法。例如，在為強制治療作決定時，我們最好聆聽懷疑者在提出其他作法時所發出的聲音。如此做，我們才能讓家人獲得自信去掌握他們自己的生命。

某種自相矛盾的情況似會出現在討論中：我們強調由家人主動決定話題和如何討論話題，並強調專業小組有責任順應其決定，但我們同時也強調小組必須——例如透過反思對談——主導會談過程。事實上，使會談得以進行的人較可能是專業小組。巴赫金認為不同立場和不對等關係是對話的先決條件（1984）。決定反思對談時間的是專業小組；他們一般不會問家人是否接受反思對談的進行。這是小組在會談中運用專業知識以達成治療目的

的方式——稱之為對話性專業知識也未嘗不可。我們將在下面對
此做更仔細的分析。

小組在家人語言區內做回應

　　讓我們在此為開放式對話作法提出兩點分析。高克‧哈勒
甘格斯曾分析過家人和專業小組如何建立關係、會談情境如何
支援複調性和對話性、新意義如何產生、以及反思對談有何意義
（Haarakangas，1997）。建立關係所賴的一個最重要因素似乎是
小組與家人對談時所在的那塊語言區域。如果家人用非常具體、
明示的方式說話，小組會發現工作特別吃力，因為對談[3]中的話
語總在指稱某種實存事物，而不具有象徵意義（即涉及其他聲
語、不涉及實存事物）[2]（Haarakangas，1997；Seikkula，1991；
Wertsch，1985；Vygostky，1981）。如在對談中討論具體治療方
法或治療計畫，小組這時不僅需要知道家人當時的身心狀況，同
時也需要用家人可以理解的語言把他們帶進象徵意含中。一個熟
練的小組會在回應時設法用自己的話在案主身上引發新的聲音，
因而或有必要逐字複述案主所講的話。

　　如果小組堅持提出與家人關係有關的問題[4]而不知變通，對話

2　譯註：此處原文為「conversation」，即實際對談，與書中較為抽象的「對
　　話」（dialogue）概念有別。

3　譯註：原文此處很多贅言，我簡譯之並予意譯。原文中的「words」即巴赫
　　金所說的「utterances」或「voices」。

4　譯註：原文「circular questioning」係指針對家人關係發問，而非針對個人
　　情況發問。

將難以發生。難題也會發生在對話經驗豐富的治療師身上：在某些場合，他們在回答家人時充滿了先入為主的想法，以致實際上沒聽到家人所說的話。奧提歐發現問題也會因小組比家人更能影響對話形式而出現（Autio，2003）。在某些時刻，小組或許想藉洗腦方式引入更合自己目標的討論話題；這在決定病人是否需要住院時極可能發生。如果敏感度不夠的話，小組就可能聽不到家人要求住院的聲音，而決定選擇自己偏好的門診治療。

回應的發生

如要研究某次多方參與的會談，我們在開始分析之前必須將會談錄影下來並謄錄其中對話，根據研究主題把會談的某一片段或全部謄寫下來。為展示多方觀點，我們可在印出所謄錄的治療對話時用欄位框出話語，並按時間排列各欄話語的順序。要做出成功的研究，邊讀文字、邊看錄影（或邊聽錄音）是有必要的。研究的進行步驟如下：

步驟一：探討對話中的每一話題段落

話題段落（topical episodes）是主要的分析對象（Linell，1998）。先將某次會談的全部對話劃分為好幾串，然後我們再來確定話題段落為何。我們根據討論的話題來決定段落範圍；話題改變時，新的段落就會出現。研究者會從所有話題中選出一些重要的，用來做進一步分析。把會談分成不同話題段落後，我們要找出每一段落中的變數（如下文所示）。

步驟二：探討連續的回應

　　對話過程中的回應方式有必要給以探討。回應通常生起於每個參與者在實際對話中接續對話的過程中。每個話題段落中的每一話語所接收到的回應會依三個步驟被註記下來，以便了解每一對話者如何在對談中互創經驗。回應的意義可見於針對它而說的下一句話。任何引發話語的話（initiating utterance，IU）都可作為起點。回應 IU 的話則按照下列五個變數來加以分析：

1.　在以下方面具有主動性（或主導力）的參與者：

　　－以量主導的能力，也就是在對話過程中說話最多的人。

　　－語意或話題主導的能力，也就是在對談中某一時刻引進新話題或新字句的人。這人建構了言談的大部分內容。

　　－主導互動的能力，也就是對過程中之溝通行動、話題之提出與回應能發生影響的人。這人可能會比實際對談者對參與者更具有影響力（Linell，1998；Linell，Gustavsson & Juvonen，1988）。例如，當家庭治療師找來一位新來者表達他／她對大家所言的看法時，這人就有可能主導大家的互動。一個默不作聲的參與者也可能主導互動，因為他／她引起了別人想要知道其想法的回應。

　　我們的研究重點是主導如何轉換於這三類之間，而不在找出誰是家庭會談的主導者。

2.　回應是針對什麼而發？說話者會針對下列事情做出回應：

　　－他／她在說話當下感受到的情緒（默會之知）

　　－正在說的話

　　－會談稍早時談到的話題

　　－該話題為何以及談論方式

　　－外在事情、在此次會談之外的事情

　　－其他問題（如果這樣，又怎樣？）

　　這些類別彼此並不互相排斥，可並存於單個話語中。在説話者提出幾個話題的情境中，針對這些話題而具有特別形式的好幾個答覆也算單個話語。我們應探討答覆如何為回應它的回應打開對話空間。

3.　什麼聲音沒有得到回應？

　　話語中的哪些聲音（要記住：一個參與者的單次話語中可以含有許多聲音）沒有被下一個説話者回應到？

4.　如何回應所説？

　　獨白式對話是指：説話者在説話時只傳達自己的想法和觀念、不配合對話者；他／她用自己的話語排斥他者的話語，在提問時就已預設唯一的答案。會有下個説話者回答這問題，而且他／她的話語在這層意義上也在創造對話，但創造出來的卻是封閉的對話。舉例來説，當治療師問一對夫妻怎麼知道要找他時，夫妻會答以他們做了哪些事、以致他們如今得以參加這會談。在具有對話性的對話中，話語不僅在回覆之前的話語，也在等待下一句話語的回覆，使新的理解得以出現在對話者的分界上（Bakhtin，1984；Luckman，1990；Seikkula，1995）。也就是説，説話者不僅會納入前面説話者所説的話，也會持開放態度、使下個説話者能參與自己現在所説的話。

5.　如何將「此時此刻」、也就是對話中未説出的當下知覺納入考量？

在觀看錄影帶中連串對話回應時，我們可以觀察到身體姿勢、眼神和聲調、以及（舉例來講）眼淚和焦慮的神情在內。單單閱讀謄錄文字是無法讓我們看到這些的。在參與者對當時狀況（如當時由話題所引發的情緒）表達看法時，我們也能在這些看法中得見「此時此刻」。

步驟三：探討敘述過程及語言區域

這一探討可以分為兩方面：

1.　直陳意義和象徵意義

這兩個類別是指：對話所使用的字句是否總在指稱實存事物（直陳語言），或這些字句是否帶有象徵意義——它們是否涉及別的聲語，而非實存事物（Haarakangas，1997；Seikkula，1991、2002；Vygotsky，1981；Wertsch，1985）。每一話語僅會屬於這兩類中的一類。

2.　敘述過程中的語言系統

安努斯、勒維和哈德克是最先在個人心理治療中探討這語言系統的研究者（Agnus，Levitt & Hardtke，1999）。賴提拉、阿特能、華史特洛姆、以及安努斯繼而在家庭治療中進一步對這系統做研究（Laitila，Aaltonen，Wahlström & Agnus，2001），並區分出三種敘述方式。說話者會使用（A）外在語言，用以敘述所發生之事；（B）內在語言，用以敘述他／她自己對所述之事的感受；（C）思索語言，用以探討事情或事物的多重意義、與之相關的情緒、以及他／她在此事中的立場。

在回應過程中，人不是被聽見，就是沒被聽見

在為精神病危機的初次會談作分析時，亞科比較了有成效和沒成效的病人（Seikkula，2002）。他從每個案例之初次會談或會談最初階段的謄寫紀錄中抽出兩、三份做為分析材料。這些都是根據會談錄影帶做出的紀錄。

成效良好之會談中的象徵語言

在比較會談中主導語言、直陳／象徵語言、獨白／對話語言的記錄時，亞科發現成果好和成果壞的會談確實有不同之處。成果好的會談進行時間較長；一旦對話式對談得以發生，話題的討論似比獨白對談中的討論要持續得更久。在互動主導（interactional dominance）方面，案主（包括病人和家人）在成效好的對談中主導了大半互動（55% 至 57%）；相較之下，成效差之對談中的案主則只主導了 10% 至 35% 的互動。成效好的案主（病人和家人）更有可能主動為討論提出話題和回應。這可以被解釋為：他們更有可能在危機會談中主導自己正被說出的生命故事。相較之下，這種情形不曾出現在成效差之案件的初次會談中。在語意主導（semantic dominance）方面，在所有成效良好的案件中，家人主導了大部分過程（70%）；在成效差的案件中，家人的主導則介於 40% 至 70% 之間，變化較大。在用字量的主導上（quantitative dominance），成效好的跟成效差的案件並無差別。明顯的差異出現在語言區域。在成效差的案件中，用象徵語

言進行的對談在過程中極少出現（0% 至 20%），但常見於成效好的案件中（38% 至 75%）。當家人可以參與象徵語言區時，某一話題的對話會進行得較為長久。但在直陳語言區內，小組常會不斷發問，使對談始終停留在一問一答的形式上。在獨白性／對話性語言這個因素上，成效差的案件變化不一：對話性對談會發生（10% 至 50%），但不是常態。在有良好成效的三個案件中，對話性對談則是常態（60% 至 65%）。

對話中的暴力話題：小組置身於故事中，而非此時此地

　　P 抵達了第一次會談所在的醫院。在這次會談中，P 讓人發現他似乎曾以暴力對待他的母親。下串對話描述了此事。T1 代表女治療師，T2 代表男治療師。

　　T1：我認為這發生在過去兩個星期內，而非更早。

　　T2：是做狀威脅呢，還是比威脅更嚴重？

　　T1：打人──我想 P 打了他母親。

　　T2：P 喝醉了嗎，還是半醉半醒？

　　P：沒，我沒喝酒。

　　T2：沒喝酒……

　　T1：我想 P 當時想問他母親一件事？

　　P：好吧，是上星期，警察來找我們。她喝醉了。由於她不肯說而且在深夜煮咖啡，我問……我走到廚房，她轉身說不可以談那事情，於是我打了她一巴掌。她跑到外面的走廊上尖叫，我說沒有必要尖叫並問她為何不能

說……然後我就平靜了下來。那時我覺得……警察和救護車都來了……在某種程度上我當然覺得自己不應……不應該打人，但有些狀況……

T1：你就在那時去找了家醫？

P：是的，事情發生在那之前。

T2：她為什麼會說警察來過？

P：什麼？

T2：她為什麼說警察在前一天晚上也到過你家？

P：不是前一天晚上，是上個週末。我那時在想……我隨時都在想那些奇怪的事，我知道它們都不是真的。但在你想了它們一陣子之後，你開始覺得這類事情有可能真的會發生。讓人受不了……你想的都是徒勞無益的事。

T2：所以事情是上週末發生的？

T1：是的……

這與暴力問題有關的討論發生在一次未導致良好結局的精神病危機會談中。病人未能使用清晰的描述，只能用混亂的言語敘述當時狀況，最後在說出「不應該打人」時開始用自我對話去面對自己所做的事。但小組並未對此做出回應，反而追問他是如何連絡上健保系統的。這不是唯一的例子，因為當病人用下一句話繼續反省發生在他身上的「奇怪事情」（即幻覺）時，小組並沒有幫助他，讓他能為自己所描述的經驗建構更多字句。在這簡短對話中，有兩處話語沒得到回應，因而使對話性無從發生。在這串對話中，小組主導了話題和互動，而 P 在話語的量上擁有優勢。意義在此是透過直陳語言被創造出來，因此這是獨白式對

話。總體來講，在分析三個為這案件舉行的會談時，亞科發現案主只獲有 25% 的機會去主導互動，但有 60% 的機會去主導語意。象徵意義的建構只占了過程的 10%，而對話性的對話占了 15%。

「沒有比得不到回應更可怕的事了」

在具有療效的對話中，案主似乎常在談話內容、特別在說話方式上具有主導地位。這代表的是，他們在會談中從頭到尾都能影響小組如何回應他們所主導的話題，因而某些話題在會談中可以獲得較長時間的討論。在沒有療效的會談中，小組的回應常不能配合案主主動提起的話題，以致雙方無從以對話精神來溝通想法。這也許是受到家人具體直陳之語言的影響，因為回應這種語言會比回應象徵語言更為困難。討論因而容易淪為一問一答的形式，實際上只用於收集資訊。同時，從一個話題轉到另一個話題的過程也只是根據小組的意願在進行，以致回應並無法為雙方創造新的意義。

然而這個案例也讓我們得見：使用直陳語言的病人也有可能主動進入充滿情緒的話題中。小組在此時面臨的挑戰是如何置身於此刻，在病人訴說以前所發生的事時敏於回應此刻正在發生的事。此時此刻很有可能是大家觸碰更困難話題的唯一機會。如果現在的對話不回應這些話題，它們後來就不可能再成為對話題材。它們原可成為病人用多種觀點探討自己經歷的機會，但現在時機已失。在本案件中，我們留意到一個可引以為例的事實：在整整兩年的治療期間，大家常會討論病人佩卡是否能充分了解自

己的問題。如我們在分析中所看到的，首先提到他的暴力行為和精神病妄想的人實際上就是他自己。無法跟他的話連結上的人是專業小組。

我們注意到：當人們在治療會談中開始說起幻覺這一類重要經驗時，他們是在回應話題。小組可以透過所提的問題打開這些話題。能夠察覺會談中的這些特殊時刻便能增加為雙方創造新語言的機會，讓先前不曾擁有字句的經驗得以披上字句。重要的是：要避免用事實糾正案主，卻要視妄語為持續對話中所有聲音的一部分而接納它。

關於小組成員的回應，他們在說話時較適合採用家人的語言。如果家人說的是具體問題，小組也要用具體字句。具體直陳的語言是打開機會、讓更具象徵意義的語言可經由家人熟悉的語彙被建構起來的起點。要能如此，小組必須找出時間來思構自己的用字並實際上專注在字句上面，而非專注在討論的話題上。但在另一方面，如不關心討論的話題，小組也無從專注於字句。關鍵時刻是在病人說到令人不解或出人意料的問題（如幻覺）時出現的。如何把病人的話納入考量並對之做出實際回應？最好的答案或許是：暫停正在進行的其他對話，然後對病人所打開的話題多加發問。如果做不到這一點，我們就無從重視那令人不解的問題，病人也因此無從用字句去敘述經驗並被人聽見。

使對話具有意義

最後，我們要簡述一下如何在平常的臨床工作中利用已經發展出來的研究方法。除了利用以上所述的方法或利用以該方法所

做成的研究，讀者還可以依據下列幾項因素來檢視自己進行的會
談。檢視可以發生在會談剛結束之後，也可以發生在觀看錄影帶
之時。

1. 檢視自己對案主的回應。你是否會習慣性地只回應某些特定
   話題？或者，你一般都不做回答？如果有潛規則存在，這有
   益於你的對話、還是有時有礙於進一步的對話？

2. 檢視案主所說的哪些話是你未曾給予回應的。其中有常態可
   循嗎？如是，這習慣性作法有益於你的對話、還是有時有礙
   於進一步的對話？例如，你是否迴避了一些原本有助於討論
   的特殊話題？

3. 檢視你的回應方式。你自己用的是哪一種話語？在與案主同
   坐時，你感到平靜、還是緊張？你打開的是對話式話語、還
   是獨白？

4. 檢視你如何在對話中關注當下此刻。你容許討論方式或話題
   含有情緒嗎？在聽人談論情緒時，你自己有什麼感受？這些
   感受增進了對話、還是阻礙了對話？當情緒反應出現時，你
   和其他小組成員如何合作？

5. 檢視語言區域以及它和對話的關係。當對話以直陳語言的形
   式出現時，你怎麼做？對你來講，使用具體字句是否比使用
   象徵意義簡單？你是否發現這情形常出現在會談過程中？

【第八章】 對話性的工作文化

　　成功之專業工作的經營者可以是個人或兩人以上的小組，但如果環境——機構主管、夥伴、同事、案主（最為重要者）——不能支持這工作，它存活的機率就會比在「對話生態環境」中要來得低。在本章中，我們將根據自己追求對話工作文化的經驗把這後一種環境的某些面向列舉出來。

　　我們兩人（湯姆和亞科）的經驗主要來自大眾普遍享有教育、健保和社會福利的北歐國家。這樣的大環境或許會比那些由互相競爭之私人企業拼湊成的社會體系——更不用說那些由幾不相往來之公家、私人和第三部門組成的萬花筒體系——更有利於跨界合作。然而，甚至在北歐境內，跨界合作也並非容易之事，總有僵硬的垂直和水平界限會形成阻礙。我們曾在歐洲別的地區和其他大洲境內推動改變，因此我們會在討論時記住環境差異這個因素。

　　在我們的經驗裡，導致對話工作文化的過程都起自相當小的核心，然後因工作需要和合作機會而擴展開來。亞科參與的過程開始於西拉普蘭省一個致力於改變精神病治療的危機工作小組。在納入病人的社會資源網後，小組發現也有必要改變小組工作方式及尋求心理健康機構以外之專業資源網的合作。地區性作業因而發展了起來，用有系統而持續的成果研究及對話研究做後盾，並輔以有系的工作人員訓練（在訓練中，工作人員必須接受三

年以開放式對話為重心的心理治療訓練）。很明顯的，要使跨界合作能夠生根發展，創意以及來自機關主管的支援也是必要的。然而，如果各機關的最佳善意不具有堅實基礎，這些善意仍然無濟於事。因此，從核心拓展工作並從實際問題——非僅抽象觀念——向外連結新的元素成為了必要模式。「難纏的問題」——也就是無法根據分工專長而被歸類、並拒絕留在機關界限內的問題——也指出了跨界合作的必要性。在 2003 年至 2009 年間，湯姆在芬蘭兩個城市參加了跨界合作的過程，其最初目標——對地方專業人士來講——是希望社會福利及健保機構能為兒童、青少年及家庭提供早期干預。當時的核心比小組稍大一點，在可操控的範圍內。多方組成的專業人員開始接受訓練，學習如何用對話方式面對憂慮。指導及維繫過程的跨界委員會被設立起來，期待／未來式對話也被加了進來，而各資源網間的協調工作也愈來愈顯得重要。大家也發現教育界、青少年服務等都有被納入的必要。這一切都有賴於政治和行政授權，因而大家開始與決策者進行成果豐碩的對話。作為核心、實際進行於第一線上的對話作法於是獲得了長足進步，並不斷吸取新觀念，使對話準則能廣泛運用於市民服務。開始時以早期干預為目標的作法發展成了「早期開放式合作」（Early Open Co-operation，EOC），讓政治人物、機構主管、中階主管、第一線工作者和市民都能參與。若大家從一開始就想在市內推動全面合作，這一切都不可能發生的，因為跨越垂直和水平界限時所遇的真正複雜挑戰必然會打垮這種抱負，更何況大架構工作遭遇困境的狀況也是周所常見的事情。

　　建立並拓展一個可行的核心最為重要。我們將在第九章討論如何結合研究、發展、訓練和政府的支持。在本章中我們要討論

打造有利於對話環境的具體步驟。首先，我們想請讀者思索以下問題：

— 如果你所在地的所有專業人士都願及早用對話方式面對憂慮，那會如何？

— 如果你所屬的專業資源網從不在案主或病人／家人的背後討論他們的問題、而用對話方式跟他們一起討論，那會如何？

— 如果你所在地的行政人員和專業人士不僅承認一個人最重要的資源乃來自他／她日常的人際關係及個人資源網，並根據這點認知來組成服務，那會如何？

在我們眼中，這三個準則——及早用對話方式面對憂慮、唯當案主和家人在場時討論他們的問題、結合專業和個人資源網——是對話性工作文化的關鍵因素。讓我們來看一下可以用哪些途徑創造這些因素。

為自己的憂慮擔起責任

在第二章（憂慮和及早對話）中，我們描述了藉對話以面對憂慮的「經驗法則」。尊重他異性是其基本觀念，而其實際做法是尋求幫助以減輕憂慮，而非把問題歸咎在案主或其家人身上。

湯姆及其同事曾負責組辦訓練，受訓者廣及社會各界與各機構中負責兒童、青少年與家庭服務的專業人士[1]。訓練展示了簡單實用的「工具」，但這些工具卻是出自深思熟慮的哲學，從以目標為重的策略主義一百八十度調轉為以關係為重的對話主義。

專業人士的反應極為熱烈，非常感激這些工具使他們在遲遲不敢說出問題的困境中找到脫困方法。雖然專業人士得到了「方法」（也就是一張幫他們在工作中省察自己預期心理的核對清單），訓練的主要目的還是希望他們得知任何人際關係中的人類行為都具有對話性。（請求案主的配偶幫忙以減輕自己的憂慮，這會比把問題歸咎在案主身上並試圖單方面改變他／她要更能促進雙方關係。）

有些專業人士在剛開始時對「對話精神」並不感興趣，但後來都因對話精神能具體協助他們處理常遇到的困境而心存感激。他們追求可行並「簡易」的技巧；我們需要滿足這種追求，但不會教他們用目標取向的策略模式來解決問題。面臨實際需要時，他們必須依賴對話作法的根本原理、非僅依賴表面技巧。湯姆及其同事曾稱「面對憂慮」的訓練為「大有好處的特洛伊木馬」：從木馬腹部傾洩而出的不是城市的毀滅者，而是具有說服力的哲學。從一開始，受訓者就有機會透過輪流示範，分別在以目標為主及以對話為主的面對憂慮方式中感受案主、家長、他者的感覺。這樣的實驗提供了可作為基礎的共同經驗材料（shared experiential material），讓受訓者可以發現這兩種方式為他們和他者帶來基本上極為不同的關係、因而能思索這兩個選項所導致的不同結果。

剛開始時，訓練工作只讓兩、三個人了解觀念，但終極夢

1　作者原註：要訓練大量人員，我們必須先訓練出一批訓練人員，然後由他們去負責訓練專業人士群組。

想是要訓練幾百個人，甚至全部專業人士。這個目標的達成預設了幾個先決條件，其中第一個就是訓練的「需求度」。如曾經提到的，專業人士基本上都很樂於在面對難題時獲得幫助。在湯姆的經驗裡，地方政治人物和機構主管甚至更樂於試用任何有助於及早面對憂慮和採取共同行動的方式。大家都想進行早期干預，因此需求早已存在。工作的重點就在於如何說服專業人士和決策者，讓他們知道對話作法不只是嘴上提出的口號。一旦這些觀念被解釋清楚，他們當中有些人會進一步要求成果證據，許多人則相信自己的常識判斷。

第二個先決條件是訓練的「供應」。為了能擴及大量專業人士並最終能擴及所有為兒童、青少年、家庭、老人、長期失業者等提供服務的地方工作人員，訓練一批地方訓練員是有必要的，然後由他們在社會上訓練其他人。這些人在訓練中學會對話精神、「面對憂慮」的準則和實際做法、以及如何訓練其他專業人士。訓練者被組成小組，每組包括來自各種專業的成員，然後再去訓練由各種專業人員組成的小組「聽眾」。換句話說，訓練小組和受訓小組的成員都是由多方專業人士組成的[2]。

這樣的過程並不需要大量金錢投資。除了減輕憂慮和痛苦外，我們反而可以預期它能節省可觀費用。社會各界所「投資」的是一群可以受訓成為訓練者的人員，之後並允許其他人員參加接下來的訓練。在我們的經驗裡，機構主管和政治人物多很快就能明瞭下面這個訊息：這種跨界訓練不僅對於跨界工作中的面對憂慮有益，也有益於其他事情——它能降低跨界的門檻。

讓我們稍談一下 2011 年在挪威南部進行的一項拓展計畫。湯姆及其同事在克里斯虔山得市（Kristiansand）訓練了五十二

個訓練者，這些人都是學校、幼稚園、再就業輔導單位、社會工作、醫院心理健康小組等的職員。他們組成十三個由不同性質專業人士組成的小組，每組有四人。在六個月的受訓課程中，這十三個小組訓練了該市由其他專業人員組成的小組「聽眾」。這只是開始、最初階段而已。在未來幾年中，市政府的所有人員都要接受訓練[3]。因此，重點不僅是傳播面對憂慮的方法，也在改變文化，藉以促進專業人士與案主的關係以及專業人士彼此的關係。類似的拓展計畫也發生在奧斯陸市的南諾史特蘭區（Søndre Nordstrand）。那裡的行政人員決定要讓負責兒童、青少年和家庭服務的所有工作人員在三年內學會「面對憂慮」的方法。同樣的事情也發生在諾史特蘭區（Nordstrand）；那裡的訓練者受訓人數甚至超過克里斯虔山得市。由於挪威有廣泛需求，湯姆的芬蘭小組訓練了一個挪威小組，來應付不斷增長的需求。

　　我們並無「推銷」訓練課程的意圖。我們之所以敘述以上所說的過程，是為了強調「有志者，事竟成」，也為了強調：社會亟需可行的早期干預方式，而這現象為推展對話作法以及建立對之有利的「生態系統」打開了寬廣的可能性。好的開始只需由兩人踏出第一步；他們所建立的紮實作法就能成為未來開展的核心

2　作者原註：湯姆及其同事在芬蘭大約訓練了一千個訓練者，這些人再訓練了幾千上萬的專業人士。然而，在許多城市，最初階段的訓練常只有一小群參加者。在某些城市，「原生細胞」由兩個訓練者組成；他們從上司那裡取得許可，試圖把知識傳給自己的同事。

3　作者原註：在某些芬蘭城市，用對話方式面對憂慮是新進人員訓練課程的一部分，以確保每一個新進者都能受到訓練。努密亞維市（Nurmijärvi）的政策是：所有主管人員（包括社會各界的）都要參加訓練。

基礎。

關於開放式對話的準則，有系統的訓練從對話作法發展之初就在西拉普蘭省展開。從 1989 年開始，西拉普蘭省托尼歐市的所有精神病治療人員都得以參加為期三年的心理治療訓練；到 2011 年為止，該市的精神病治療者比芬蘭其他任何一個精神病就醫區的都擁有更高教育水準。就我們所知，世界上沒有別的精神病治療單位用同樣有系統的方式投資在人員訓練上。但別的地方也建立了很好的訓練活動。挪威特朗姆索市（Tromsø）的急性危機小組和整體精神病治療體系把反思對談納入對話作法中，而且所有人員都需參加為期兩年的「關係與社交資源」訓練課程。德國已經用為期兩年的訓練建立了二十多個居家治療小組。丹麥的精神病治療單位已經推出開放式對話和反思對談的作法。美國也已開始用有系統的方式訓練那些願意把開放式對話之觀念納入工作的個別專業人士和治療單位。

與案主對話，而非在他們背後對話

如果你所在地的所有專業人士都願及早用對話方式面對憂慮，那會如何？

匿名協商指的是專業人士在彼此作討論時會依照工作倫理不提及案主的名字。但在無數場合中，由於案主不在場，專業人士得以更自由地談論案主的問題，交換評估意見，並為案主、病人或家人設定行動計畫。如果我們驟然中止這樣的作法並決定不在案主背後討論他們的問題，那會意謂什麼？它意謂的是：許多多方專業人士參與的工作會因此發生戲劇性改變。

　　然而，單要案主在場並不足以帶來對話。有很多例子讓我們看到問題在門被打開後變得更為嚴重。在再就業輔導會談中，專業人士雖邀請了案主參加，但還是採用以前的方法——他們拿著寫有案主缺點的文件彼此做討論，把案主晾在一旁，後者因此感到震驚難過（Kokko，2003）。就算有案主認識的人在場，那也是少之又少。專家常照著檔案念出案主的故事，不問案主任何問題，然後把彼此做出的決定告訴案主。專家組成的委員會在處理問題上很有效率，卻不知人才是重點[4]。

　　因此，我們必須強調以資源為重的作法：我們不應在案主背後討論他們的問題，而應與他們對話，並要著重在他們的資源、而非缺點上。

　　我們在一份有關期待／未來式對話的追蹤報告中（其中包含全國十八個家庭、三十個受訪者）所看到的結果正好與再就業輔導會談的結果相反。案主對之給予了極高評價（Kokko，2006）。在報告中某一段，作者麗塔莉莎・寇可摘述了受訪者如何比較期待／未來式對話和他們參加過的其他資源網會談：

4　作者原註：麗塔莉莎・寇可的報告對社會福利暨健康部來講具有警示作用，後者因而組成委員會在全國做追蹤調查。委員會的發現（Saikku，2005）跟寇可的發現很類似：邀請案主參加多方專業人士的會談並沒有改變以專業人士為主的工作模式。社會福利暨健康部於是要求專業小組的成員接受對話準則和對話作法的訓練。湯姆、研究員琵琶・賽庫（Peppi Saikku）和同事約卡・畢海尤奇（Jukka Pyhäjoki）到全國各地跟專業小組進行對話，獲得了良好回應。

表一：案主如何比較期待／
未來式對話和他們參加過的其他資源網會談

期待／未來式對話	其他資源網會談
案主及家人隨時都在場	案主不一定會出席其問題的討論會
案主是主角	案主常是配角
討論會被記錄下來	討論通常沒被記錄下來
問題得到具體幫助	幾次會談後都得不到成果
每個人的想法都有被人聽見	家人雖出席，卻沒人聽他們把話講完
大家在討論時都很心平氣和	幾次會談都以「叫罵」收場
毋須為自己辯解	總要舉起一隻手來為自己辯解
小孩也被徵詢意見	有關小孩的決定事先都沒問過小孩或家長
大家站在平等地位上講話	不讓案主講話或以高姿態對案主講話
結束時訂出行動計畫	話說了很多，但對於進一步行動卻莫衷一是
會談打開了新的可能性	會談沒能揭開新的行動選項
會談增加了希望和所需的資源	會談令人灰心

離開「安適圈」而不在案主背後討論他們的問題，這不僅合乎工作倫理，也是有效的作法。把專業資源和日常資源結合起來可以增加成功的機會。我們將在下一章中提出開放式對話的成果報告（相對於一般作法，開放式對話的成果十分可觀）。可惜的是，對期待／未來式對話所做的有系統成果研究目前還不存在，而數據過多竟然是其原因：城市中多方參與的工作在判斷好壞成果時缺少部分心理健康工作所需的明確標準，因而決定指標為何對決策者來講是個讓他們頭痛不已的問題。在湯姆及其小組密切

協助的城市裡，決策者要求小組擬出可行的追蹤工具。小組開始探詢城市及各界和各機構已在使用的追蹤工具為何。在與機構主管合作並標出所有這些工具後——其中有許多具有法律基礎，另外有好些則互相重疊——小組發現數據多到無法處理的地步。主管和工作人員不斷匆忙填入資料（把數字扔進去），因而連自己都無法信任其中顯示的指標。如在資料上再加上一個工具，原本雜亂的狀況就會被攪得更雜亂，因此小組不得不採取另一個途徑。在主管的合作下，研究小組開始慎重挑選出必要且最好的追蹤工具，同時另外研發「簡易」可行的工具[5]。在本書成書之際，創造持久性追蹤工具（相較於一次研究所用的工具而言）的工作仍在進行之中。

結合日常資源

想一想：你所在地的專業人士是否承認一個人最重要的資源係來自他／她日常的人際關係及個人資源網，並根據這點認知來

5　作者原註：這作法的一個重要面向是：不僅要等待好的答案，也要設計好的問題。這意謂必須跟政治人物對話。政治人物最初會問對話工具和跨界合作是否能減少芬蘭有增無已的託護兒童人數。當然，決定少送兒童到監護單位即是減少託護兒童人數的最佳捷徑，但這顯然不是政治人物打算做的事。減少監護之必要可說是極為複雜的工作，因此用以顯示必要性有否減少、衡量成果的指標也不可能會讓人一目瞭然。

6　作者原註：皮埃保羅・杜納提認為（Pierpaolo Donati，2011），社會學有必要拿人際關係這個基本事實做為其研究出發點。費比歐・佛格萊特（Fabio Folgheraiter）根據關係模式曾著書討論社會工作中的關係因素（2004）。

組成會談形式？

　　一切工作未必都以人際關係為基礎，也就是說未必需要把人際關係中的成員召集起來。但我們還是要承認，即使專業人士處理的是個人問題，這人畢竟還是活在社會關係之中[6]。

　　納入一個人的私人關係可以為專業工作打開新的視野。請讀者想一想：當你碰到愛情、工作和金錢問題時，你會去找誰？你當然去找你可以信任並可從他／她獲得幫助的重要人物。但這些重要的他者多是專業人士、還是一般人？我們認為答案是後者。

　　人們多少在其私人關係中可以找到豐富的助力和資源，同時專業人士卻忙得不可開交。在強調私人關係時，我們並非主張減少專業人士的服務，而是主張專業人士和私人關係要用新方法合作。人無論怎樣都活在關係中，無論怎樣都會與他們所信任的人討論自己的問題，而他人的聲音無論怎樣也都會迴響於他們的心中。這一切都可以成為專業協助的一部分、甚至核心。但這並不是說把專業職責交到心情沉重的親屬或朋友手中，而是說我們應邀請受信賴的親友參加對話，藉以找出解決方法。當然，邀請私人關係中的成員參加對話並不一定意謂他們必須參加會談。一旦知道案主不是漂浮在無人太空中的太空船組件，我們會問案主誰對他／她來講最為重要，然後邀請這些人來加入對話。個人的親友有時需要面對面會談，有時無此必要，但我們隨時都必須承認私人關係中的成員是一個人所能擁有的最重要資源。

　　要使案主的日常生活——而非藉專業工具觀察案主的專業人士——成為會談核心，我們必須採用對話作法。我們描述過的開放式對話和期待／未來式對話都試圖把案主的日常生活置於中央並保護它這核心位置，期使多方專業人士的幫助可以與案主的日

常資源結合、共成為案主的後盾。

「親友會談」（family group conferencing，FGC）就是把日常生活置於中央並設法使專業協助能支援私人資源網的一種作法。這方法源自紐西蘭毛利人的文化，如今已透過立法而成為紐西蘭人在處理兒童保護及青少年犯罪之嚴重狀況時必須採用的方法（Doolan，1988）。由於成效良好，它已被廣泛運用於各種工作，其核心概念是：必須由親友（包括大家族成員和朋友等）來設計一套可以保護兒童或青少年安全的計畫。協調員會在過程中跟小孩和家人進行對話，確定小孩生命中的重要人物是誰，然後邀請這些人來參加會談。在親友聚集訂定計畫之前，相關的專業人士會把他們的觀察和憂慮告訴親友。然後親友在專業人士不出席（但協調員會出席）的情況下討論計畫。他們所訂的計畫會以小孩的安全為重點，而不設法解決家庭的所有問題。親友把訂好的計畫交給社工，由後者來接受或否決這計畫。如果計畫被否決了，社工會解釋理由並請親友提出新的建議。一旦被接受，合議訂出的計畫還須加上追蹤計畫[7]。

親友會談的基本對話情境也可運用在以成人為主的工作上，不限於原始模式中的兒童保護。希瑟兒‧約翰生（Sissel Johanssen）就指出親友會談在對話作法上可以具有許多形式（2011）。愛拉‧麥爾米麥拉海諾能（Ira Malmivaara-Heinonen）在報告中指出，這種會談對長期接受社會照顧的成人

7　作者原註：北歐五國——丹麥、芬蘭、冰島、挪威和瑞典——在推動「親友會談」時比最初的紐西蘭模式更強調兒童的重要性，以確保兒童的聲音在每一階段都能被人聽到（參見 Heino，2009）。

案主也非常有幫助[8]。由於能結合專業和親友的資源，邀請重要的親友加入對話──如親友會談的作法──確實對於對話工作的文化有很大貢獻。

合乎工作倫理的早期干預等同早期合作

上面討論的三個準則──藉對話面對憂慮、公開討論案主的問題、以資源為重並承認最重要的資源來自案主的私人關係──是對話工作文化的主要成分，然而這準則清單仍需再加以補充。由於學術界及一般人批評早期干預中有許多明顯可見和備受爭議的負面作法，芬蘭的全國早期干預網[9]收集了十個準則，希望建立合乎倫理的早期干預。

早期干預的批評者認為：

—　早期干預之討論和活動的增加反映了全面性家庭服務工作（universal services for families）[10]的縮減。全面性服務是預防問題的基礎；家庭所能享受到的全面性服務越少，重心就越會移轉到「有風險的兒童」和「有風險的家庭」。

—　一旦專注在「有風險的兒童和家庭」，設計風險篩檢的方法就變為有必要，而這又將致使案主被貼上標籤而戴上恥辱的記號。

—　早期干預強調了專業工作中的控制手法。

—　與社會因素或機構功能不彰有關的問題被視為個人或家庭的個別問題。

　　全國早期干預網分析了這些批評，並在回應中承認粗糙的早期干預確實有不少危險。它公布了一張清單，列出合乎工作倫理之早期干預應具有的基本做法，並呼籲網內的各政府部門和協會組織能在各自的活動領域遵守這些做法。這十項準則是：

1. 確保全面性服務
2. 人人負起自己的責任
3. 面對憂慮
4. 鼓勵親友提供協助
5. 鼓勵參與
6. 以透明及合作的方式採取行動

8　作者原註：在她 2011 年的報告中，愛拉‧麥爾米麥拉海諾能提到一個使用親友會談以處理社會長照之成人案主的龐大計畫，其中共有一百四十九個參加者。他們被隨意分為干預組和控制組，後者除了正規社會照護外沒有接受其他服務。最初看來，親友會談需要花較長時間才能產生效果。之後，分別進行於干預後第二十個星期和第十二個月的追蹤研究顯示：兩組在生命滿意度和心理健康這兩方面出現了重大的成果差異；使用親人會談的干預組占了上風。在使用親人會談的兒童福利案件中（其重點在設法使兒童被人聽見），類似的成果也曾出現過（Mortensen，2007；Heino，2009）。

9　作者原註：2004 年組成的全國早期干預網是由社會福利暨健康部負責協調，包含下列成員：教育文化部、司法部、就業暨經濟部、國防部、內政部、芬蘭福音派路德教會、芬蘭地方政府與區域政府聯會、以及下列重要的社會第三部門：芬蘭兒童福利中央聯盟、酗酒及藥癮治療中心基金會（A-Clinic Foundation）、芬蘭心理健康協會、曼內罕兒童福利聯盟（Mannerheim League for Children Welfare）、以及芬蘭家長協會。國家健康與社會福利研究院內的資源網與對話研發小組（湯姆的小組）是這全國早期干預網秘書處的核心單位。

10 譯註：指提供給全國所有兒童、青少年及其家人的服務，非僅針對有特殊需要的兒童或青少年。

7. 在支持與控制間取得平衡
8. 務使對話能進行下去
9. 避免貼標籤
10. 造成案主遭受排斥的結構因素、經濟因素和文化因素也需受到干預

全國早期干預網對每一項準則提出說明：

1. 確保全面性服務

全面性服務可以預防問題。要設法讓各項服務發揮功能。在強調早期干預時，不可將服務推至一旁。早期干預的基礎即奠立在能夠發揮功能的全面服務上。

2. 人人負起自己的責任

人人都對自己和他人負有責任。必須及早干預正在出現的憂慮，不可把重擔推卸到別人身上。心中冒出憂慮的人必須承擔及早干預的責任。

3. 面對憂慮

每個人在說出自己的憂慮時要尊重他人，這樣才能取得合作。指責他人是不可能帶來合作的。

4 鼓勵親友提供協助

親友是一個人在日常生活中最重要的支持者。專業協助充其量只能補充這樣的資源。早期干預的目標就是在促成個人資源網

和專業資源網的合作。

5.鼓勵參與

　　合作的前提是對話。聆聽和被人聽見至為重要。要避免以專家為主的心態，以免輕忽弱者的聲音。經合作訂出的計畫才會具有效果。

6.以透明及合作的方式採取行動

　　唯在案主及其家人都出席時並在獲得他們同意的情況下，才處理他們的問題。在打交道的過程中要尊重他們，這樣才能促進對話。專業人士在彼此商談時必須避免提及當事人的姓名或其他透露其身分的資料。

7.在支持與控制間取得平衡

　　早期干預的目的是要增加當事人的自主能力，使之能主導他／她自己的生命。必須避免以外在強迫方式限制這種自主能力。但在給予支持時，也要避免使對方過度依賴支持者。

8.務使對話能進行下去

　　在說明自己為何憂慮以及為何需要減輕憂慮時，務必要創造對話及合作的可能性。任何人都不應覺得無人相助。要防止當事人落入三不管地帶。要為創造合作負起責任。

9.避免貼標籤

　　不可拿早期干預為藉口來把人分類為可以測量的他物，也不

可違背隱私權及倫理準則所訂的公開原則來記載個人資料。早期干預必須以公開合作、鼓勵參與的方式進行。

10. 造成案主遭受排斥的結構因素、經濟因素和文化因素也需受到干預

如受排斥的風險可歸咎於結構因素、財務因素或令人疏離的社會文化，就不可將這些因素視為個人或其家庭的個別特徵，而必須早期干預這些足讓人陷入重重問題的社會因素。

當然，像全國早期干預網這樣的論壇是無法轄管政策的，但它至少可努力使早期干預的可能危險及避免危險的方法成為全國廣泛討論的題目。不論作法是否出自善意，我們必須分析及記住任何作法的危險。我們在第四章曾引述米歇爾・傅柯的一個觀念，在此正好可以做為提醒：「權力關係的本身沒有好壞之分，但它具有危險性。因此我們必須從各方面來思考如何用最好的方式疏導其力量」。

由於注意到善意政策的可能危險，對話的工作文化也會採用早期干預的這十項準則。

適用於任何狀況的對話作法

湯姆的小組曾與芬蘭努密亞維市（Nurmijärvi）及羅凡尼也米市（Rovaniemi）進行密切合作。在六年的合作中，早期干預的概念轉變成了市政府的「早期公開合作」策略，強調透過對話來結合資源並進行跨界合作[11]。

　　兩個城市運用了湯姆及其同事愛莎・艾立克森所設計的「憂慮地帶」工具（見第四章），為兒童、青少年、家庭的服務體系訂立了一套涵蓋所有可控制憂慮和減輕憂慮的活動計畫。其中考慮到的關鍵問題有：

我們有什麼可控制憂慮的好作法	我們有什麼消除小憂慮的好作法	我們有什麼減輕愈趨嚴重之憂慮的好作法	我們有什麼處置大憂慮的好作法

　　芬蘭努密亞維市所用的策略讓人看到他們為每個憂慮地帶所採取的對話作法和以資源為主的作法——也就是專業人士基本上該怎麼做、跟誰做以控制正出現之憂慮的作法。可惜的是，他們的這套策略只有芬蘭文版。

　　用對話方式面對憂慮對所有憂慮地帶都是必要的。與家人進行的期待／未來式對話在灰色地帶特別具有成效。危機狀況之處理最初採用的是親友會談以及開放式對話的做法。但接納所有聲音並尊重他異性對所有狀況都是必要的。所有人際工作都必須使用開放式對話；這種作法不會依據事先擬好的策略來運用專家（或非專家）的控制手段去改變他人[12]。

　　對話的工作文化是指：對話作法遍布於無憂慮、小憂慮、以

11　作者原註：經過廣泛的政治討論後，這兩個城市引進倫理準則並將這些準則納入市政策略中。

12　作者原註：我們所談論的「開放式對話」具有兩種形式：一是芬蘭西拉普蘭省原創的精神病危機處理方式（我們用英文大寫 Open Dialogues 來指稱這方式），另一是適用於所有人際工作及人際關係的人與人開放性對話。

及憂慮漸增或大憂慮的地帶，而公部門機構會主導其運用，使之最終成為主流及正常作法、非僅為一時的專案計畫[13]。策略文件也許會論及這些目標，但它們無法做為有效作法的指引。指引很有用，但顯然它們並無法引導實際做法。專業工作者必須自行創造作法，而這又將會要求他們承認、共享以及加強他們已擁有的有效作法。

接觸對話作法也許會為某些人帶來重要的轉變，但如果不能結合或拓展既存的觀念，新觀念是不會落地生根的。如果作法沒有落實在人的身上，它們便無法生根成工作文化。要說服一個不尊重他者之他異性的人很難，但要找到這樣的人也很難。我們必需伸手去接納他人的成功經驗，而非看輕他人傳下的觀念和做法。對話立場對某些人來講或許多少意味了變革，但如不以過去為基礎，這變革等於沒有發生。有人雖有意或無意地散播對話教育已打開歷史新頁的消息，但這並不代表「接納所有聲音」的精神已被建立起來，而且也正由於這個緣故，這消息聽起來和感覺起來多少帶有傲慢的成分。再且，相信每個人都有重要的對話經驗是一回事，把那些經驗講出來又是另一回事。正如波蘭易有名的「默會之知」（tacit knowledge）觀念[14]（Polanyi，1974）所告訴我們的，人知道的要比他能講出來的多上很多。

只有在他人的幫助下，人才有可能講出自己所知道的；但即便在這時候，能夠被講出來並與人分享的也只是「默會之知」的一小部分而已。

為了推展對話的工作文化，湯姆和同事米莫莎・柯斯奇米厄斯（Mimosa Koskimies）及約卡・畢海尤奇（Jukka Pyhäjoki）研擬出一個有效對話的「方法」，用以幫助專業人士經由合作方式

多少能發現一些他們自己的「默會之知」。在這過程中，重點問題是：你用什麼好的作法來控制憂慮、消除小憂慮、減輕愈趨嚴重之憂慮、處置大憂慮，並使對話能持續進行？

藉對話來討論有效作法

專業圈一般少有時間和場合來反省自己的作法。創造並取得學習空間（包括物質環境、時間安排、適當氣氛等），讓大家就有效作法以及如何面對挑戰等議題交換意見——這是機構主管與工作人員必須努力以赴的事。在創造這樣的時間／空間／心態場合的同時，其過程本身也正在創造對話工作文化所需的重要元素。重要的不僅是討論結果，也是學習空間。如果自問哪些場合可讓你反思並分享有成效的作法，你的答案很可能讓你看到你身處之工作文化的一個橫剖面向。

在湯姆、其同事以及芬蘭努密亞維市和羅凡尼也米市之各機構主管與人員共同研擬出來的作法中，他們使用了「憂慮地

---

13 作者原註：在推動及管理對話作法時，用對話來計畫活動極為重要。在本質上，做決定的實際時刻是不具有對話性的。在對話時，各種選項都被攤示出來並獲得進一步擴充或另增選項。反過來看，我們在做決定時必須窄化選項至我們打算採用的唯一者。然而，要做出好的決定，事先進行豐富的對話是絕對必要的。在做成決定的過程中，有成效且具創造力的作法必不會缺少豐富、多聲複調的對話。

14 作者原註：波蘭易強調我們的價值觀——和偏見——是「默會之知」的一部分。法國社會學家布赫迪厄指出（1983）：我們依據自己的一套習性調整方位，「知道」我們的文化視哪些事為恰當，但我們無法透過自省知道這套習性。

帶」這個工具並用了「學習咖啡館」[15]的同儕學習觀念，把參加者及機構的主管和人員——這些機構分別為學校、社福中心、健康中心、日間托兒所等——聚集起來並形成對談小組。輪流轉移陣地到不同討論桌的小組成員對談無憂慮及憂慮狀況，並把重點放在有效作法的特色上。大家熱烈參與討論並提出了極有創意、令人讚賞的想法。湯姆和同事後來將所有過程摘要成了一本手冊（Koskimies，Pyhäjoki & Arnkil，2012）。

「藉對話來討論有效作法」（Good Practice Dialogues，GPD）是以三個步驟進行。首先，參與者概括提出與工作狀況有關的討論題材。其次，大家開始討論哪些作法對這些狀況有幫助。第三步則討論專業人士如何與案主合作來進行對話。

由於「默會之知」只會在實際生活情境中呈現出來——因為人們在其中會運用從文化學到的能力做出一舉一動——實際工作狀況因而必須成為我們反思的起點。要人直接講出他們的「默會之知」當然等於刁難他們：對行為者本人來講，默會之知本就是無可言述的東西；「人所知道的要比他／她所能講出來的多上很多」是我們必須尊重的一個事實。然而，我們於此同時卻必須分享和改進作法中的可行面向，這使得實際工作狀況必然會成為重要的對話話題，只要我們能尊重隱私權並負起保密的責任——若當事人不同意，專業人士不應討論具體案例。但在對話的工作文化中，連這麼做都仍被視為不完全符合倫理要求，因為對話作法有更進一步的要求：如當事人不在場，就不可談論私人問題。如此下來，如果我們不能分享與實際工作狀況必然有關的隱私資料，我們又怎可能發現、分享和改進有效的作法？「憂慮地帶」這一工具和「學習咖啡館」就在這時派上了用場。首先，參加者

被要求默想沒有憂慮的真實狀況、讓他們稍感憂慮的狀況、讓他們感到惶惑的灰色地帶、以及讓他們至感憂慮的狀況。然後在「學習咖啡館」的圍桌對話中，他們被要求以不洩漏秘密資料的方式——也就是用抽象或概括說法將隱私資料一言帶過——描述這些狀況。一個討論桌上的小組成員分別講出自己對無憂慮狀況的看法，第二個討論桌上的另一小組成員討論小憂慮的狀況，以此類推。小組互相交換位置，讓每一組都能討論到所有憂慮地帶。所有想法都被隨筆寫在討論桌上的紙張上。就這樣，參加者從自己的工作經驗和自己的語言中、並在聽見所有聲音後匯集了主要討論題材。

　　「藉對話來討論有效作法」的第二部分是大家就每一「地帶」的成功作法互相對話，亦即討論什麼有助於控制憂慮、什麼可以減輕或消除小憂慮等等。小組或在「地帶」間穿梭，或專注於一個自選的題目並停留在原桌上。這樣的對話經驗顯示：透過自己的努力和別人的努力並透過參與、補充想法和貢獻看法，參加者自然而然會在回想中取得豐富的新觀念。這過程可說創造了一回又一回的真正腦力激盪。（一個參加者曾說他們學校舉行的 GPD 是他所見過最棒的一次在職訓練。事實上，對話之所以發生，正是因為傳統所謂的訓練沒有發生——沒有「智慧來自於外」這種事情。教育人員自己訓練了自己。）像 GPD 第一部分一樣，對談中的想法被寫在紙張上，而這些將跟無數自我對話一起

15　譯註：芬蘭式的「學習咖啡館」是一種適合十二人左右參加的討論形式。參加者分坐幾個圓桌，各桌討論一個主題的不同面向。小組在過程中需移位到其他討論桌討論該桌題目。每桌有一個不移位的紀錄者。

成為第三部分的討論題材。

第三部分在於計畫對話中的合作方式，以強化並維繫有效作法的對話精神。如同第一部分和第二部分，機構主管必須出現於第三部分的討論場合。

我們當然可找外來專家參加 GPD 以增加討論的影響力。但最重要的工作仍是：如何把新的外來靈感結合於參加者的經驗和「默會之知」。面對面就新靈感對有效作法的影響做對談，這將有助於融合新舊成為另一可行的作法。

除了在個別專業領域內進行對話以討論有效作法，跨專業領域也曾舉行過類似的對話，如教師和社工間的對話。學童、家長、學校教職人員一起參加的對談也已發生。對創造對話的工作文化來講，這些都是特別具有助力並令人興奮的步驟。

地方政府的對話

同儕學習的觀念對於地方政府交換經驗也是很重要的。「散播有效的作法」是今天流行的一句口號，但大家都不關心自己在實際工作中散播有效作法時採用了什麼盛行的「散播」觀念[16]，更不關心這些作法的持續性。大家視有效作法為被製造和貯存（也就是被貯存在網路文獻中）、然後由有興趣者挑出使用的商品。為了確保作法真的有效，大家嚷著要有證據為憑，而最主要的證據形式就是由隨機對照試驗（Randomized Control Trial，RCT）所顯示的功效性。大型的統合分析（meta-analysis）篩檢試驗及其結果，然後由權威的專業團體根據統合分析提出根據實證的作法建議（valid practice recommendations）。這些建議的目的是要

在或多或少嚴格的行政規範下將新方法轉移運用在實際工作上。我們將在下一章討論這種研究所遇到的困境，但在此我們必須指出：重要的評估告訴我們，從圖書館被動文獻中找出來的有效作法多無活力；即使它們根源於日常作法，它們的根部也極為虛弱。這些作法幾乎全然不關注社會與組織的複雜創新過程具有什麼實際奏效機制，因而忽視或低估用來實現作法最大功效的必要工具（Pawson，2009；Conklin，2006；R. Arnkil，2008；Seppälä-Järvelä & Karjalainen，2009）。在某些情況中，決策者為了積極散播經過試驗的作法而限制使用未經證明的方法。值得注意的是，行政單位常在「證據為主」的研究和隨機對照試驗的研究之間劃上等號。除了在仿實驗室環境中所做的研究外，當然還有其他方式可以提供證據，但這些方式都遭到邊緣化（見下一章）。

有效作法也不可能「放諸四海」而皆準；它們必須隨新的情境被創造出來。我們可以在心中對某些觀念產生興趣，但要形成作法並使之成功，我們必須組成及培養所有對這作法有利的人際關係，而每個情境都有它獨特的人際關係。對話作法也不例外，必須由新情境中的多個參與者創造出來。如果沒有機構主管、案主、病人及大眾的支持，如果沒有夥伴（其他專業人士、機構、專案計畫、訓練活動等）的聯盟，連最好的作法都無法持久；種子不可能生存在惡劣的「生態環境」中。要使環境變得更友善，就必須在工作中跟同事、大眾、機構主管、行政單位、持久的夥

---

16 作者原註：我們必須更從字面意義來看「dissemination」（散播）這個字。它的拉丁文字根是「semen」，意為種子。散播就是播種、藉播種散布四方（to sow, to spread abroad by sowing seed）（http://www.merriam-webster.com/dictionary/disseminate）。

伴（如機構）、以及暫時的夥伴（如專案計畫）打交道。

讓人難以置信的是，大家竟用膚淺但盛行的散播觀念完全忽視了地方環境的複雜性。自然而然的，行政單位和出錢單位極愛用強迫和控制的手段：如果非經「授權」的方法被列在黑名單上，那麼經過「授權」的方法就應被廣為散播而獲得生根的機會（見下一章）。

然而，就跟別的作法一樣，對話作法仍須被證明是真正有效的作法。而且，我們也仍須找出方法和管道來把這作法散播到有興趣的相關者那裡。我們必須找到方法，去訓練各地的專業人士，使他們能為自己獨特的環境創造有效的對話作法。

探討對話作法之成效的研究本身也應忠於對話精神：對話作法不是單方干預的作法，因為所有成效都是大家一起創造出來的結果。把作法散播到有興趣相關者的方式也必須忠於對話精神：除了研究報告和出版品（如本書）之外，能夠讓人體驗對話作法的形式和環境是不可或缺的。此外，「移轉知識」和訓練的方式也須具有對話性。我們也須提供活動，讓來自某一環境的人們能與來自另一或更多其他環境的人們對話，使他們了解現有作法的複雜性後能為他們自己獨特的環境設計行動計畫。

我們之前簡短提到多方專業人士在挪威南部克里斯虔山得市接受「面對憂慮」之訓練時的環境。在聽說湯姆及其小組在首都奧斯陸一個行政區持續進行的計畫案後，當地人士開始對這作法產生興趣。湯姆邀請克里斯虔山得市的重要相關者來加入奧斯陸的反思對談，並一起討論如何合作改進訓練方式。當克里斯虔山得市人士的訓練快告一段落時，奧斯陸的另一個行政區也產生了興趣。湯姆邀請他們來跟克里斯虔山得市人士進行反思對談，藉

以進一步改進訓練方式。他們來了，並且也如他們另一批挪威同事一樣，訪問了把這作法當作市政方針的芬蘭努密亞維市。湯姆邀請克里斯虔山得市的重要人士以及奧斯陸的兩個行政區一起討論如何在將來合作發展挪威的訓練課程。經過如此對話後，挪威人說：他們最初以為這訓練教的是一種施用在他人身上的方法，但他們現在明白訓練所教的是一套在各方面都是全新的合作方式。我們要指出一點：挪威是第一個使用有版權、有執照、商業化、以證據為本、使用者不得任改之方法的斯堪地那維亞國家。位於對話與沿襲（或複製）之間的差異再明顯也不過了。

地方政府之同儕學習的「打穀倉」作法

上面簡述的有效作法對談（GPD）運用到以同儕學習為本的方法。沒有人講授有效作法，也沒有相關單位以外的專家來教當地人該怎麼做。同儕互相教導——或更正確地說，藉反省自己的經驗來充實彼此的想法。湯姆的弟弟羅伯特・昂吉爾與其同事提姆・史班格（Timo Spangar）在芬蘭推動了一項由各城市參與的對話工作。當然，組織複雜、人口龐大的城市是不能用一般方式互相對話的，但它們的對話還是可以具有多聲複調性的某些重要面向。

為了要能至少捕捉到某些複調性，每個城市的一個「橫剖面」——也就是一群在水平與垂直位置上與問題有關的代表人物——會受邀參加。例如，在與兒童、青少年及家庭進行的「早期合作」中，如果其中的經驗和挑戰在討論中被視為大大挑戰了市政策略，那麼「微世界」（microcosm）便將由有關的平行部門（教育及社會福利、健康及青少年）和重要的上下部門（政治人物到

機構最高主管到中階主管、前線專業人員、案主和市民）組成。

　　這種「打穀倉」工作討論會（puimala workshops）[17] 的一個重要觀念是：受邀參加者不是那些代表一整座城市、來自不同部門的「獨立」代表，而是多個分別由各城市中彼此縱橫相關之單位及個人所組成的「微世界」；由於這些「微世界」所討論的題目是工作模型及工作策略，它們必須能代表模型及策略被執行於真實生活時所遇之問題的複雜性。討論會的協調員會在來自其他城市的「微世界」聽眾面前訪問某個城市的「微世界」，其主要目的是要讓後者能回想起（雖未必周全）實際工作的一些複雜問題、以及他們曾如何藉協商和建立關係把工作模式銜接於地方環境。然後列席的其他「微世界」會被要求思考這些複雜問題與他們自己的經驗和環境有何異同之處。某些工作討論會會利用網路提供實時虛境的參與機會，其目的也是要讓參加對談的小組能在回家時自覺收穫滿滿、從對談中獲得了許多有助於改進自己在地縱橫關係的新觀念[18]。這樣的作法與較傳統的交換經驗有很大的差異。正式會議在形式上通常都是由「主講人」發表事先準備好的重點，未必會以任何方式配合當時在場的參加者。萬一有討論，討論也只是以問答、表達看法、回應看法的方式進行。小組討論在會議中是另外舉行的；在向大會報告討論結果時，大家習慣會以「小組討論本身要比我們在大會報告時所能說的要豐富得多」這樣的話作為開場白。在對話作法中，出席者之間的「此時此地」最為重要。人們被鼓勵把自己當場的想法說出來，而非發表已準備好的重點。而且對話過程的安排也以促進共同思考為目的，用進一步想法回應想法。大家追求的不是最終真理，而是對狀況和工作的更深了解，因而必須承認每一個人在他／她自己的

環境裡都占有一席獨特位置、可以提供獨特的觀點。他異性不僅受到尊重，同時也是交換意見的基礎。

　　讓我們想像一下芬蘭某個城市的教師和機構主管對布雷西亞第二綜合學校的作法（我們在第一、五、六章中簡述過的對話作法）產生了興趣。他們也許想知道義大利同事怎麼做並想與他們討論這作法，而且不僅跟教師，也跟學童、家長和其他相關者做討論。極有可能的是，他們希望能確定對話作法不會威脅到課程所要求的學習成果，而且也想知道這作法是否會造成過重的負擔、以致只有最忠心投入的老師才不會被嚇得落跑。他們或許也想知道校方如何管理校務以及學校如何與其他學校、社會照護機構和健保機構形成合作網路。如果實地造訪沒有可能，這些芬蘭同事必會感激有人提出詳細豐富的解說。但如果他們只拿到一份解說成效原因的成果研究報告，他們一定不會感到滿意的[19]。

　　在芬蘭努密亞維市的一個學校中，教師們創造了一種與學

17　作者原註：「Puimala」（打穀的穀倉）和「puiminen」（動詞，打穀之意）是芬蘭人日常經常使用的兩個字，意指徹底的對話（「Let's thresh this out together」，讓我們一起把穀糠打掉），不帶任何攻擊或負面的含意（片語「thrashing something out」就有）。然而，今天的英文字詞「threshing barn」和「to thresh」並不具有一樣多的正面意含，雖然英文中仍有「the wheat is separated from the chaff」（去蕪存菁）的說法。也許芬蘭還未遠離農業時代，而作為工業化先驅的英國早就遠離了這些概念和譬喻。「淘金」（「gold panning」）可以做為另一個譬喻，但它也已遠離了現代經驗。

18　作者原註：如要更了解「打穀倉」的作法，請參考 R. Arnkil 及 T. Spangar 的論文（2011）。

19　作者原註：你如何解釋人際工作中把握時機之作法的單一起因？「馬可說費德利佳只會流口水，於是老師就採用了對話作法」？

童、家長及學校人員對話的美麗形式。在這討論有效作法的對話（GPD）中，他們使用了「憂慮地帶」這個工具（見第四章）。在這作法中——簡單地說——學童對憂慮和如何減輕憂慮的討論被拿去給家長看，家長在討論後將訊息送到老師那裡，直到大家全都一起做了討論。為了散播這以教育作法為題、能啟發人心的對話方式，它被拿到一個「打穀倉」討論會中成為被「打」的材料。該討論會的參加者包括了來自其他學校、幼稚園、行政單位人員，當然還包括上述這個學校的學童、家長和教師，另加拉普蘭地區羅凡尼也米市的一個跨部「微世界」。這對話會談有主持人；參加者不需為說什麼做準備，但要接受訪談。無人有必要成為「整體事情」的發言人；每個人只需依照自己獨特的觀點表達想法。

　　現在讓我們想像一下芬蘭努密亞維市和義大利布雷西亞市一起舉行了一次「打穀倉」對話[20]。他們一定有很多可以對談的事、很多可以交換的經驗。然而，無論他們最終對於對方的作法取得多大了解，他們仍無法互相抄襲模仿。他們反而會在返抵家門時面對一個挑戰：要盡量利用所收集來的想法為自己獨特的環境創造作法。要能創造他們自己的有效作法版本，他們必須說服其他人加入他們：家長、學童、同事、夥伴、機構主管。「微世界」在這裡又扮演了重要的角色。它們以「微縮」形式代表了真實環境中之真實資源網的垂直連繫（從機構主管到案主）和水平連繫（跨社會部門、多方專業人士）。首先，垂直／水平組合為「打穀倉」對話提供多聲複調性，使參加者得以充分了解真實生活問題的複雜性。其次，這些組合在「打穀倉」對話中以及在他們回家的路上都是討論所得印象和結論的核心群組。第三，一旦返回

地方後，他們是把必要之關係編織為資源網的推手。透過每個參加者在所屬領域所從事的活動，「微縮」的網路得以被展延開來。如果想一想傳統會議中的個別參加者只聽別人唸稿、回家後還需自行把必要的關係連成資源網，我們就知差異有多明顯了。

　　研究者的聲音對「打穀倉」對話也很重要。例如，在努密亞維和羅凡尼也米兩個城市創造「早期開放式合作」的過程中，他們舉辦了一連串「打穀倉」工作討論會。除了兩個城市的「微世界」之外，也有一群研究者加入（包括湯姆的小組和其他來訪的研究者）。這樣的打交道為研究者和專業人士／機構主管各方都提供了獨特的學習機會。研究者的責任在把自己的研究銜接到地方「微世界」的複調聲音和觀點中，在與後者共相創造群組語言時得以更加了解自己的觀察和發現有何意義和後果。專業人士和機構主管也互從自己的觀點發現責任和機會。共相創造群組語言也讓他們得以從新的視覺和角度來看待自己的工作。在以聽眾和說個不停的主講人為主的傳統會議中，這種機會不是消失了，就是被稀釋了[21]。

20　作者原註：事實上，在本書撰寫之時，此事正在發生。

21　作者原註：研究「如何建立對話性」（Dialogical Quality Development 或 Kronberger Kreis für Dialogische Qualitätscentricklung；參見 Wolff 2010、Biesel & Wolff 2014）的德國研究小組與實際工作者發展出了一套很引人注目的研究方式，用來分析範圍較廣之環境中較難處理的兒童保護案例，不做簡單結論、也不評論是非。這研究所提出的成果散播方式極類似於「打穀倉」作法中所使用的。（譯註：本段文字錯誤甚多、意義不清，姑且意譯。）

結論

　　我們不可能立即廣泛並深入地發展出有利於對話的環境，但這工作可聚勢而逐漸發動起來。在我們的經驗裡，工作多因一個小組想要改變做事的方式、一個機構主管想要鼓勵新作法、一個訓練活動想為城市訂下局部（非全面）專案計畫而開始，然後新的機會逐漸地、繼而加速地冒出來。如果專業社群能在工作中結合可導致新作法的觀念，令人驚訝的創新、發起者最初無法想像的事情就會發生。

　　這裡有個例子可以說明這種令人驚訝的事情。湯姆受邀到努密亞維市去討論一群專業人士所參加的某次「面對憂慮」課程。這些專業人士是負責市民牙齒醫護的市政府人員。湯姆曾聽一個學校牙醫說過她從小孩的口腔就可知道小孩的家庭狀況，但她不知道要跟誰討論她的憂慮。因此，當努密亞維市決定要所有的有關人員、牙醫、牙醫助手及其他人都參加「面對憂慮」的訓練時，湯姆感到十分驚訝，因而問他們這主意從哪裡來。一個男人站了起來，是負責市民牙齒醫護之單位的主管。他說：所有市政府單位的主管都參加過訓練；由於他發現訓練具有啟發力並極有用處，他決定讓他的全部屬下也有參加的機會。大家在課程結束時都覺得頗有收穫。對湯姆來講，這再度證明了拓展對話工作文化的訓練課程如何延續了對話作法並為之創造出新的形式。

　　雖然就國際標準來看，努密亞維市和羅凡尼也米市都是中型城市，但這兩個城市拓展對話文化的過程讓人刮目相看，顯示了對話性廣受歡迎的程度——即使他們得花上好幾年時間才發展出能夠自我延續的對話作法。然而，這些成果卻很難用主流研究報

告的形式顯示出來。雖然「經驗法則」可助人踏出第一步、訓練
也可助人做實驗，但重點並不在於方法或技巧。對話性是指人與
人相處的方式。採用這種方式的人能在所有人際關係中——在管
理和專業的人際工作中，也在個人生活中——創造對話。因此，
在研究中循規蹈矩地把 A 城所使用的 X 法拿來跟 B 城所使用的 Y
法做成效比較，是毫無意義的。努密亞維市只有一個，羅凡尼也
米市也只有一個，但我們希望將有更多城市會設法使「早期開放
式合作」的對話文化更具持續性和衍展力。

　　努密亞維市的一個創新是他們不再為預防性的專案計畫分別
設置指導小組。芬蘭人在推展工作時常用的方法是訂定專案計畫
及設置指導小組，在計畫完成後再將指導小組撤除，因此少有專
案計畫具有延續性。努密亞維市為「早期開放式合作」設置的跨
界指導小組是常設組織，負責指導所有預防性的專案計畫——如

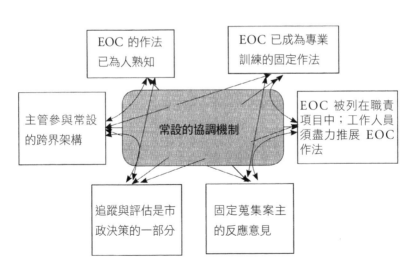

圖三　使「早期開放式合作」具有延續性

果市政府打算採用新的專案計畫，小組也須負責衡量其潛在附加價值以做出決議。這種創新的指導小組形式不僅在芬蘭是獨一無二的，據我們所知在全世界也是。

在設法保持「早期開放式合作」（EOC）文化的延續性時，努密亞維市和羅凡尼也米市的指導小組都使用了下面的「羅盤」來做自我評估[22]。

雖然不同的政治陣營無不承認早期採用開放式合作是必要的，但要跨過專業體系和官僚體制中的種種界限卻需要花時間和耐性。在我們的經驗裡，連緊湊進行的系統性改變都至少需要花上五、六年時間才能落實，而這才不過是個開始。為期兩、三年的專案計畫實在不足以改變文化。充其量，它們只能引進新作法，並開始為作法的延續性建構所需的資源網，但期望任何重要作法在兩年後就能因有所轉變而得以延續，可說是毫不實際的想法。在這麼短的時間內就想做出評估是很常見的，但也是很可笑的。

我們討論了用對話方法來散播有效作法的必要性。在下一章，我們要討論的主題是研究在對話的工作文化中所扮演的角色。

22　作者原註：湯姆問這兩個城市的指導小組：「你們如何知道新的工作文化已經落實了？」努密亞維市的財政局長回答：「當它已經列在預算中、不再需要用分別決議確保預算的時候，我們就知道了。」

【第九章】 對話作法的研究工作

　　我們在前一章討論了如何培養有利於對話作法的「生態環境」。在創造對話的工作文化時，我們必須結合計畫之推行、訓練和決策這幾項環節，但如果缺少了研究，我們就少了一塊柱石。研究工作的職責不是用成果圖表去說服政治人物和行政人員，雖然那些圖表並非沒有價值。它最重要的特點是從經驗學習並取得可用來推廣作法的概念。作法的發展改進有賴回應意見，因而專業工作者（以及相關人士）需具能力去檢視自己在工作中的成功之處和所犯的錯誤[1]，藉以發現更成功的作法、避免較不成功的作法、並留意還未使用過的可能作法。換句話說，在發展作法時，反思必不可缺少。要能反思經驗並從中取得可用來推廣作法的概念，研究又不可或缺，但並非任何研究都有價值。研究的安排和方法都有必要切合專業工作。對話是多方共與的，不能被化約為單向主導。另外，做研究才可能有所反思；如果專業工作者讓自己一直成為他人的觀察及研究對象，他們將很難成為開發自己工作的主體。

1　作者原註：研究如何發展對話性的德國小組使用了極引人注目的分析方法，即使在分析嚴重錯誤時也不論其對錯（參見 Wolff，2010；Biesel & Wolff，2014）。

　　把經研究得知的成果傳遞給沒有第一手經驗的人當然很重要；它在推廣作法時扮演了關鍵角色，因為作法可因此成為共用方式，而不再是孤立、偶而出現者。這也有賴於適當的研究計畫和適當的成果報告方式。我們在上一章討論過「散播有效作法」時的一些主要問題。作法不是可以郵遞的包裹；忽略地方環境的複雜性會導致權力因素會用下列方式介入散播過程：非隨機對照試驗（RCT）的研究報告會被冷落一旁、未經隨機對照試驗證明過的技巧會遭到忽視或禁用。地方環境的複雜性卻不會因此有所降低。我們描述了「打穀倉」作法，其中來自不同地方環境的參加者實際會面對談。

　　這種作法的效果極佳，但並不足以成為不同城市、不同環境彼此溝通經驗和成果的主要形式。雖已有人利用資訊科技來研發新的工具，傳統的報告方式——如本書——還是不可或缺的。

　　作法永遠具有個殊性，而非普遍性。它們出現於地方環境中，在特定時刻、由特定的人實施出來。因此，如果報告只提通用準則而不考慮時、空、人的因素，那麼這種報告是不可能對「對話」提出周延見解的。

　　然而研究成果還是必須傳遞出去；挑戰乃在於如何使報告較具描述性、而非解釋性。在記錄和觀察自己的工作時，反思的專業工作者不僅可從經驗中取得通則，也可拿這些記錄和觀察作為推廣和延續對話作法的基礎。這將有賴於種種安排和工具：成果的定量測量、有成果之個別作法的質性分析、以及混合式方法的質性分析（這類方法整合了不同資訊來源）。

創造適當的研究以評估開放式對話

　　在發展開放式對話作法的長期努力過程中，亞科及其同事在一開始就體會到：針對作法採用有系統的評估方法是必要的，如此才能找到方法來改進功能不如預期的服務面向。作法評估之所以有必要的第二個原因與家人獲得機會參與會談後所出現的混亂狀況有關。小組因此必須針對兩個重要部分取得更多了解：新作法的成效以及新作法的對話性。

　　在為評估方法尋找選項時，小組看出傳統評估方法極不符合他們的需要，因為傳統研究中的實驗設計均以比較兩個或更多已列入手冊的治療方法為重。在這種模式中，治療師僅需遵循列在手冊中、他們受訓時學到的方法。但不斷演變的開放式對話作法並不是心理治療方法，卻是組合整體精神病治療系統、使對話性會談得以發生的一個方式。因此他們無法將受測者隨機分為兩個接受不同治療方法的組別。在托尼歐市（開放式對話作法就是從這裡起始的），每一個病人都在對話作法中與治療師碰面。即使人為設計的隨機分組有可能發生（如在一組經過確診的病人當中），但要找到不知對話作法的工作人員則毫無可能，因為在整體系統中沒有一個專業工作者不熟悉這作法。因此，要實際比較兩種治療方式——開放式對話和另一種不同作法——是不可能的。亞科和其同事當時需要做的是：發展出新的研究方法和研究設計，用以同時檢視成果以及日常臨床作法中的對話性。

發生在真實世界中的成果

小組很快就發現：適當的評估方式及它所顯示的成果跟主流研究有非常大的差異。精神病治療（以及近來的社會工作）用來建議最佳處置方法的判斷依據完全不同於對話作法分析的判斷依據。相較於主流精神病治療所提出的成果報告，開放式對話的作法確實與之有極大的差異。舉例來說，以成人精神病治療為題的主流研究顯示：初發病人在兩年後有 60% 至 70% 必需倚賴失能補助金過日（Seikkula 等人，2006）。一般治療法從一開始就給予病人抗精神病藥物的處方，做為治療精神病的基本方式，再輔以心理治療方法。思覺失調症的最佳治療方法手冊基本上認定病人一生都需要服藥，並預期約三分之一的病人可以恢復到完全就業的程度。

在托尼歐市所做的幾項調查分析了開放式對話在初發精神病人身上產生的成效（Seikkula 等人，2003；2006；2011）。在一項五年追蹤的研究中，托尼歐市的成果被拿來跟斯德哥爾摩市南礦島（Södermalm）所進行的一項研究（Svedberg 等人，2001）做比較——當時後者還沒採用「適應病人需要」的作法。表二顯示了這兩份不同研究所發現的成果。

圖表所顯示之思覺失調症病人的人數在兩份報告中大致相同。斯德哥爾摩的病人平均年齡較高，這很有可能表示治療開始前精神病症狀未獲治療的期間（duration of untreated period，DUP）較長。在研究期間，斯德哥爾摩並沒有設置危機干預的服務。好幾項研究都顯示，在沒有危機服務的情況下，DUP 少則一年，多則三年。然而，在西拉普蘭省，研究期間（1990 年代中

表二　西拉普蘭省與斯德哥爾摩的五年成果比較

	西拉普蘭省急性精神病對話作法（Open Dialogue in Acute Psychosis，ODAP）1992–1997 人數=72	斯德哥爾摩 1991–1996 人數=75
診斷：		
思覺失調症人數比	59%	54%
非情感性精神障礙人數比	41%	46%
平均年齡		
一女	26.5	30
一男	27.5	29
平均住院日數	31	110
使用抗精神病藥物人數比	33%	93%
一持續用藥人數比	17%	75%
追蹤調查時之全球標準化生活機能評量（Global Assessment of Functioning，GAF）	66 分	55 分
失能補助或病假人數比	19%	62%

期）的 DUP 只有三點四個月。這可能就是西拉普蘭省病人平均年齡較低的原因。此外，在斯德哥爾摩傳統的治療系統下，住院日數是開放式對話作法的四倍。斯德哥爾摩幾乎對所有病人都施用抗精神病藥物，而開放式對話作法中只有三分之一病人用藥。最具有戲劇性的差異出現在依賴失能補助金的病人人數上：斯德哥爾摩有 62% 的病人如此，西拉普蘭省只有 19%。

　　由於有必要證明西拉普蘭省的成果可以持續維持在同樣水平

上，大家開始做進一步研究。在 2003 年至 2005 年之間，一群新的初發精神病病人被納入研究當中（Seikkula 等人，2011）。兩年追蹤報告所顯示的成果跟十年前的追蹤報告十分相似：在新的報告中，西拉普蘭省約有三分之一病人使用抗精神病藥物，84% 的病人重新完全就業，而且 84% 的病人都不再有任何精神病症狀。大家也觀察到某些改變：DUP 現在只有三個星期，這必曾為危機創造了開始治療的最佳時間點。初發精神病病人的平均年齡現在是二十歲。這兩個因素——較短的 DUP 和較早接受治療——都與思覺失調症病例從 1985 年的十萬分之三十三居民人數下降到十萬分之二至三有關。由於開放式對話保證在親友合作下提供即時危機處理，在採用這作法二十年後，思覺失調症的病例比相較於當初已降至十分之一。

如我們曾經強調過的，開放式的對話不僅對精神治療中的危機處理、也對一般心理治療及其他人際工作具有重要性。我們在第三章描述了亞科如何把原先為資源網作法（network practices）設計的原則運用在伴侶治療上。最近的一項研究檢視了為中度或重大憂鬱症病人所進行之伴侶治療中的對話與敘事作法，並將此種伴侶治療法拿來跟芬蘭三個心理健康就醫區所使用的一般個人治療法做比較（Seikkula 等人，2013）。在這研究當中，憂鬱症病人被問及是否願意接受伴侶治療，之後他們分別在三個就醫單位被隨機分為兩個組別，其中一個就醫單位在西拉普蘭省。在比較伴侶治療和一般個人治療後，所顯示的差異對伴侶治療有利。由於這研究是在真實世界中進行，治療師因此無法依循手冊而需依照每個病人獨特的需求來調整治療方式。有一半病人不想邀請伴侶參加治療，但托尼歐市約僅四分之一病人如此；這意謂的

是：如果治療系統以家庭為重的話，伴侶參加的機率就會增加。整體而言，被分在伴侶治療的群組所需的治療會談次數較少，其成效——就一般心理健康及心理狀況而言——也比由發問者來指陳憂鬱症狀的作法要好。差異在最初六個月期間就出現了，這意謂伴侶參與的心理治療會比個人治療更快帶來轉變。整體成果極佳，因為 79% 參加伴侶治療的病人都說自己有了很重大的進步，而參加個人治療的病人有 70% 如此。

在研究地點的差異時（其中一個地點是採用開放式對話的托尼歐市），特別有趣的事出現了。從所有病人的數字來看，托尼歐市的成果實際上較好。例如，圖四中根據貝克憂鬱量表（Beck

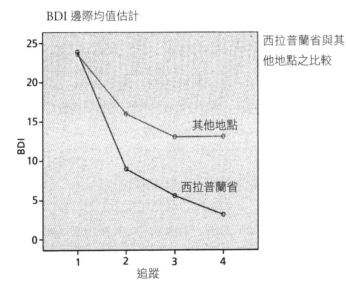

圖四　比較西拉普蘭省及另兩個研究地點的 BDI 分數值

Depression Inventory，BDI）自述的憂鬱症症狀分數分別是在治療開始及在長達十八個月的追蹤調查中打出來的。

我們從圖四可見：就憂鬱症症狀來講，西拉普蘭省的病人復原得較好。西拉普蘭省採用的是對話作法，而另兩個研究地點採用的是偏重互動結構之改變以及敘事形式的伴侶治療法。這不是在比較不同的伴侶治療方法，而是在比較精神病治療體系。西拉普蘭省心理治療及社會工作的全體工作人員都曾學會運用開放式對話的原理，因而開放式對話是當地慣用的治療方式。就大眾心理健康（根據 SCL-90 量表）及心理狀況（根據 GAF）而言，西拉普蘭省的開放式對話作法也顯然較具成效。

以憂鬱症之伴侶治療法為題的研究都是在盡力採用一切有效作法的真實世界中進行的。值得注意的是，這些研究顯示了伴侶治療法也比隨機臨床試驗有效──後者一方面使用某種心理治療方法並明訂治療次數，一方面控制其他治療方法的使用。

相較於以證據為重的主流作法，上述成果實在驚人──尤其從精神病病人及中度或重度憂鬱症病人復原的成果來看。對話作法所導致的成果以及以對話作法為題的研究都不同於精神病治療的主流作法和研究。如果這是結論，為何我們不開始廣泛採用具有這麼多成效的作法？反對這結論的最常見說法是：所做的研究證據不足、研究品質也有問題。第一點也許言之有理，但第二點絕對是錯誤的說法。我們承認，從托尼歐市以外之環境取得的成果研究的確仍嫌不足、仍需大加補強。但說到研究品質，我們必須提出反駁：主流所用的最佳治療法手冊是根據全然不同的科學研究方式訂出的。我們有必要檢視一下以證據為主的研究到底是用什麼方式建立通行準則的。

「一法行天下」：狹隘的評估設計

當作法的種類不斷增加之際，用來評估作法的模式卻變得越來越狹隘：在相當程度上，臨床試驗可說壟斷了這個領域。在臨床試驗中，資料通常取自不同組別的比較，例如把使用某種特殊治療法的試驗組拿去跟使用某些其他方法或根本未加治療的控制組做比較。結論和通論則來自相異兩組相異的平均數值。這種設計不過膚淺模仿了真實生活中的臨床作法和作法的複雜性，但它卻掩飾實際作法的真實面貌、讓後者穿上臨床試驗獨有的流線劃一形式。在其忠誠擁護者的眼中，連不必用一套控制方法來治療病人的專業工作（如社會工作）都必須適應這種研究框架。結果，研究計畫往往成為了實際作法的引導者，要求後者符合它所確立的框架，而非由真實生活情況來決定研究的方向。

用來探討干預作法（也就是由某人在另一人身上採取控制手段）的研究計畫通常無法公平對待各種作法。由於置相互性、相應性及對話於不顧，這種計畫只會強化獨白式的作法。以單方面干預為題的研究跟層層位階的作法管理體系是一體的兩面。在以關係為主的計畫模式中，有效作法需要不斷創新和接受評估，然後被實踐出來。簡單化的模式則忽略環境、參與者、利害關係、以及政治的多元性與複雜性。

要感謝數位化的研究圖書館或其他科技帶來的方便，今天的研究者、專業工作者和行政人員較以往更容易取得以證據為憑的研究。為精神病治療設置的柯克蘭圖書館（Cochrane Library）以及為社會工作設置的康貝爾圖書館（Campbell Library）就是兩個例子。讀者透過這些資訊來源可發現不斷擴增的評估文獻，並透

過與這些報告有關的統合分析寫出有效作法的指南手冊。但讀者也發現，可以取得的報告或多或少都是根據同一種研究設計形式寫出的，尤其是柯克蘭圖書館中的報告。這些圖書館只蒐集根據實驗和隨機試驗所寫出的研究報告。

「循證醫學」（Evidence-Based Medicine，EBM）這概念所指的知識乃來自統合分析，也就是針對兩個或兩個以上題目相同的研究所做的分析。為了確保題目的確相同，大部分被統合分析視為有效的研究必須完全根據一定的規範來從事實驗。在做實驗的研究中，最受人倚重的方法是隨機對照試驗（RCT），也就是把接受某種治療的試驗組拿去跟不接受同樣治療或未獲任何治療的控制組做比較。為了避免偏見發生，兩組成員是隨機決定的，並未根據年齡、社經地位、健康狀況等一般標準來加以劃分。統合分析即在比較幾個有相同題目之隨機對照試驗的結果，最後由臨床病例研究（clinical review）來對數個統合分析做出結論，以決定哪個方法有效、哪個無效。

從統合分析到手冊指南

根據統合分析的結論，針對各類確診病症所推薦的治療方法會被記錄下來。例如，在思覺失調症治療這一方面，以證據為本的隨機對照試驗研究會被蒐集起來，然後用統合分析形成治療建議。許多國家都採用這最初由美國思覺失調症「病人成果研究小組」（Patient Outcome Research Team，PORT）在報告中所推薦的作法（Lehman 等人，2003）。芬蘭的精神病治療協會也根據同樣的建議出版了一本思覺失調症有效治療法的指南手冊，告

訴治療師最好從治療之初就使用抗精神病藥物。然而，芬蘭西拉普蘭省的急性精神病開放式對話作法（Open Dialogue in Acute Psychosis，ODAP）卻顯示未服用或較晚服用抗精神病藥物的病人獲有較好的成果（Seikkula 等人，2002；2011b）。

根據手冊，一開始就使用抗精神病藥物的理由是這方式可以預防症狀復發。然而急性精神病開放式對話作法在這方面也有其成果：ODAP 中從治療之始就未服藥的病人較少有症狀復發的情況。因此其成果實際上與手冊所依據的成果正好相反。再且，相較於從一開始就服用抗精神病藥物的病人，從一開始就沒服藥的病人也較能擺脫精神病症狀，重新完全就業的人數也較多。

因此，我們應該下結論說 ODAP 的成果是無效的，還是反向下結論說手冊背後的研究站不住腳？當然，有可能兩者都站不住腳；但有可能兩者同時都站得住腳嗎？答案是肯定的。兩個研究都只容許各自的研究者看到其評估工具所容許他們看到的現象，因此兩個研究都可能有效，只是報告了不同的事情而已。開放式對話的研究進行於「真實生活」的情境中；作為通用治療指南之根據的隨機臨床試驗則進行於實驗室般的環境裡。

運用研究所提供的知識對於發展實際作法極為重要。對方法和實際工作做出有系統的分析是必要的，而專業工作者應隨時都有機會提供這樣的回饋才是。事實上，如果地方專業人士能從開始就參與研究，那會對研究和實際作法都有好處。我們在下面要討論明顯運用了對話作法的研究——它本身就運用了對話精神和資源網。

「各組平均值比較」的研究缺乏外在效度 [2]

根據證據寫出的手冊以控制及指導作法的發展為目的。但隨著研究資訊的快速增長，我們已很難在治療作法中嚴控知識的來源。研究資訊的制度化對專業工作者、機構主管和行政主管來講是很重要的服務，但確實有效的治療和作法攸關病人和案主的利益。因此，研究必須盡可能用多元方式來研究需要處理的問題和處理問題的作法。但很不幸的，出版的管道卻視非由隨機對照試驗模式產生的資訊為次等資訊。

幾乎所有發表於精神病治療期刊上的研究報告都是在實驗的環境中做成的（這種潮流也出現於別的領域）。要為精神病治療設計實驗，研究者必須用能找出個別有效因素的治療模型，然而這卻導致期刊只刊登那些斷然把需要處理的問題歸因於生理因素（舉例來講）的研究報告。即使研究領域和研究方法都已大為增加，柯克蘭圖書館蒐集的大部分資料仍都是隨機試驗的研究報告。當新的質性、定量和混和分析使精神病危機和社會工作難題的研究更有可能找到有效方法時，出版者竟然前所未見地限縮其收稿的標準。

為了要產生可以成為通用作法的成果，研究計畫必須經過仔細設計，以產生可說明問題或作法的資料。為了比較研究結果並挑出普遍適用的成果，所有研究都須用同一方法和方式進行。但這當中有個問題：研究可互作比較，遠較複雜的實際作法卻無法互作比較。當研究所示的成果被摘要成治療建議時，它們畢竟不能成為實際作法的指南，只能指導實驗室所創造的擬真情境罷了。在實驗環境中，研究者必須以嚴格控制的方式來說明問題或

作法的成因或因素。在實驗情境以外的實際治療情境中，這種控制變數的手段是不可能存在的。

用組別對照作為評估治療成果的依據也造成了另一個跟發展作法有關的嚴重問題。從特定一群人中被選出的參加者以抽籤方式被分為試驗組和控制組；試驗組接受試驗中的治療方法，控制組則接受傳統治療法或不被施以任何治療，然後對照兩組的平均值。然而，平均值並無法顯示個案的任何狀況。在擬寫治療手冊時，只要某項研究中的試驗組有不到三分之一成員的分數值超越了控制組成員的變分（variation）範圍，該研究就可作為手冊的根據。這意指試驗組和控制組有 70% 的人具有相同分數值。然而，根據這類研究寫出的治療手冊會建議治療師讓所有案主都接受同樣的治療法。它當然不會造成什麼傷害，因為畢竟有 30% 的人能從這施用在每個病人身上的作法受惠。但如果明知許多作法實際上對病人有害或無益，這治療手冊就會造成不良後果。這尤其牽涉到用藥的風險性，因為使用藥物會把重心從病人運用個人心理資源移轉到倚賴外來干預，同時也改變了病人身體的神經系統。

探討有效的個別因素很少能有助於處理嚴重危機或嚴重社會問題，因為總有數不清的有效因素會出現在這些實際情境中，而其治療或處理的成果都是在整體治療或處理過程中被建構起來的。無可否認的，治療本身之外的無數因素也會影響治療成果。人的生命不會只受到一時之一、兩個因素的影響；總有無可計數

2　譯註：外在效度（external validity）係指研究結果之通用性（通用於其他情況、其他人）；如果研究所指的獨立變數（即原因）仍有賴於其他變數，研究結果的通用性就會縮小。

的未知影響因素。實驗情境中的研究者也注意到了「化繁為簡」所造成的問題。戚士林（W. Kissling）和勞伊西特（S. Leucht）就說過，實驗情境所產生的結果與實際治療作法之間存有難以跨過的鴻溝（1999）。他們建議大家要重視自然方式的追蹤研究，也就是在實際治療情境中進行的研究。

實驗設計所導致的傷害

在過度強調偏頗的實驗情境時，研究者不會公平對待所有實際作法。如前面提到的，這樣的強調會以獨白方式指導作法；它雖未必有意如此，但當它所偏好的方式——事實上也就是期刊和圖書館所要求的方式，漸而也成為出錢單位和行政人員所要求的方式——僅以發現受控變數（controlled variables）所產生的單向效果為目標時，你所能得到的也就僅止於此了。再且，過度強調實驗情境除了阻礙作法的多元發展之外，它也具有危險性，因為它把人性構造簡化成了各種生理功能的組合體。

用現實生活中不可能的方式去控制變數，這不僅簡化了人性，也會因不充分了解人性而危害病人的福祉。在大多數的用藥研究中，病人樣本（如精神病病人或憂鬱症病人）被隨機分為兩組：一為不知自己是否服用了試驗藥物的試驗組，一為服用了無藥效之安慰劑的控制組。這研究設計本身就難以在臨床作法中站得住腳；更危險的是，它不尊重人性的構造。它之所以站不住腳，是因為臨床作法中的用藥處方都是由醫師經詳細分析後開出的，並非隨機做成的決定。醫師在做詳細分析時必會尊重每個病人獨特的變數。但在實驗形式的研究中，它所謂的了解人性結構

是指了解人的生物性、化學構造和神經系統，藉以發現有效的療
素。某些研究甚至為未被診出有大腦異常狀況的病例開出促進神
經系統功能的藥物處方。特別在針對精神病和憂鬱症時，由於假
設病人的神經傳遞質有異常現象，因而研究者在設計用藥時就以
影響這些傳遞質（如血清素或多巴胺）為目的，即使研究事實上
尚未證實這些假設。其結果是，即使精神病病患的多巴胺受體與
一般人的可能沒什麼兩樣，但大部分病患還是服用了可以影響多
巴胺受體的藥物。

　　隨機給藥的作法通常會進行六至八週，之後會根據兩組各
自的痊癒平均值比較兩組。若試驗組有三分之一的人超過控制組
的變分範圍，那就可稱得上是重要轉變，但所下的結論卻說受試
的藥物比安慰劑有效。事實上，許多研究都證明安慰劑有出人意
料的良好效果。有些研究也曾指出成果的差異在一年後就不復存
在。但即使有這類研究結果，被提出的建議還是說：所有有相同
診斷的病人都應服用含有測試成分的藥物。

　　這些研究進一步做出別的結論。有些認為證據已顯示精神
病或憂鬱症在本質上是神經系統出了問題，並指出：針對特定大
腦功能的藥物比安慰劑更能導致快速轉變。根據這些臆測而認為
精神病與神經性中毒有關的假設就出現了，並規定病患有必要
從一開始就服藥，以防止毒性蔓延。精神病醫師南西・安德瑞生
（Nancy Andreasen）在 1980 年代末期曾展開一項大型研究案。
她於 1898 年在書中以極興奮的心情報告說腦部顯影術可能帶來的
種種機會，並預期：在腦部顯影術出現十五年後，精神病治療的
研究將能知道思覺失調症者的大腦如何實際運作，醫師也將能很
快為之發現適合藥物。

　　追蹤幾百位思覺失調症患者十五年之後，南西・安德瑞生的小組在 2011 年將他們開創性研究的結果發表了出來（Ho，2011；Andreasen，2011）。他們發現思覺失調症患者的腦組織比常人的更早退化，患者的大腦灰質似乎在病症出現後最初六個月中減少最多。對研究小組來講，這是件不可思議的事，因而想知道腦組織的減少是否與下列因素有關：（一）病人精神疾病的嚴重性，（二）常與思覺失調症有關的藥癮或酒癮，（三）用藥。小組吃驚地發現：腦組織的減少有一大部分僅與使用抗精神病藥物有關。

　　這代表了什麼？以證據為主的主流研究——站不住腳的實證研究（empirical research）——就是建議臨床作法為所有思覺失調症患者施用抗精神病藥物的始作俑者。安德瑞生的研究破除了一個長期神話，顯示藥物本身才可能是改變腦組織的最大影響力、並因而導致病人神經系統和心理功能的退化。因此，雖然採用了「循證醫學」（Evidence-Based Medicine，EBM）透過最受人敬重之研究所訂出的最佳準則，臨床作法實際上卻可能傷害病人的大腦。證據也顯示：長期使用抗精神病藥物與非情感性精神障礙病人的死亡率增加有關（Joukamaa，2006）。芬蘭有些根據官方病人統計所做的研究並未顯示死亡率有增加的現象（Tiihonen 等人，2009），但這些研究由於設計不良而無法回答所研究的問題（De Hert 等人，2009）。

　　缺乏可信度的現象在實證成果研究中並非為人所不知，但某些用來面對問題的方式（例如不公布不好的結果）實在缺乏專業倫理。皮戈特（E. Pigott）等人就曾指出（2010）：許多發現不好結果的研究都完全沒有定論；事實上，以憂鬱症為題的研究會比

抗憂鬱症藥物的統合分析更有這種問題。這些統合分析曾一再指出：在輕度至中度憂鬱症案例中，抗憂鬱症藥物並不會比安慰劑有效（Barbui 等人，2011）。

我們在探討精神病復發的研究以及與之有關的統合分析中可以找到缺乏可信度之設計的例子。這些估算復發人數的研究通常拿吉爾伯特（P. Gilbert）等人的論文（1995）──其中分析了六十六份全在實驗情境中做出的追蹤研究──作為參照文獻。在接受抗精神病藥物治療一年後，病人被隨機分為抗精神病藥物組和安慰劑組（有三分之二的實驗都是這樣突然停用了抗精神病藥物）。在未來一年間被記錄下來的復發人數顯示：繼續接受抗精神病藥物的病人（15% 至 25%）比改用安慰劑的病人（55%）較少有復發狀況。一本治療手冊就根據這個統合分析被寫了出來，規定醫師必須從治療之始就使用抗精神病藥物，因為這比不用藥物更能預防症狀復發。然而這分析對於它依據何種實驗情況做出這個建議並未加以說明。確實來講，實驗情況是這樣的：所有病人都曾接受長期藥物治療，然後有些病人的用藥被隨機取消了。這統合分析是以最大最廣的適用性為目標，實際上卻失去了可信度，因為它沒說明它理應說明的實驗情況。它所取用的研究都沒提到一種對比方式：從治療之初開始服用抗精神病藥物和未服用精神病藥物之病人間的比較──這種比較才會具有公平性和可信度。這些研究所做的比較是以下面這個情況為基礎的：所有病人都曾經用藥並已習慣藥物的作用力，然後有些病人的用藥突然被中斷了。事實上，這些研究都把重點擺在中斷抗精神病藥物有何影響這個題目上。

精神病醫學的研究者已發現了研究設計有這些問題，因而

某些研究已經用更全面方式探討整體過程。其中最有深度的一個研究是由荷蘭人溫德林（I. Wunderink）與其同事所做出的（2013），在其中他們報告了對一百零三位患有思覺失調症及相關症狀的初發病人所做的七年追蹤調查。在因服用抗精神病藥物而歷經症狀緩解達六個月後，病人被隨機分為兩組：一組繼續服藥或逐漸降低藥量至無，另一組則完全停藥。正如所預期的，停止用藥的病人在追蹤早期有較高的症狀復發率。但幾年後這些比率逐漸打平，因為繼續服藥組當中的某些病人也開始不再服藥。最重要的是，到第七年時，停藥組的功能復原率是另一組的兩倍：40.4% 對繼續服藥組的 17.6%。

哈洛（M. Harrow）等人也在其比較用藥與不用藥之思覺失調症患者的十五年追蹤調查中發現：在社會地位、症狀嚴重度及復發率這幾方面，未用藥患者都有較佳的表現。

根據這些發現，美國國家心理健康研究院（National Institute of Mental Health，NIMH）院長英瑟爾（Thomas Insel）提到：我們必須重新思考藥物在精神病治療中所扮演的角色（Insel，2013）。他這可以預見的看法牽涉到我們為最嚴重之心理危機病患提供的心理治療和社會服務工作。然而我們也因此看到慣例作法中一個自相矛盾的現象。精神病醫學研究的高層人士已經發現，由於研究者出產了不具可信度的資訊，我們有必要改變作法。然而，於此同時，從事實際工作的醫師和其他人早已採用了激烈的神經生物學作法，從一開始就自動給藥，並根據來自不可信之研究的結論繼續不改作法。研究結論總有利於製藥產業，這也許就是大家拖延著、不願立即採用不用藥之新作法的一個原因。

在這裡討論何種研究最好或最可信時，我們所思索的不僅

是學術問題。常見的臨床作法都使用了依據研究而寫出的治療手冊，用以協助精神病患者或憂鬱症患者，因此研究具有難估的影響力。如果你所依循的手冊看重用藥，你便有可能導致病人大腦萎縮或增加其死亡率，人們也因此有可能命喪於這些長期存在、仍在使用中、缺乏可信度、不以病人經驗為治療之本的治療手冊。我們或有理由問一問：誰該為此負責、誰該為那些使病況惡化的治療決定負責？

療效在真實作法中消失了

為了符合實證研究設計的理想，探討心理治療成果的研究使用了隨機對照試驗。然而，不給對照試驗中的控制組任何治療，這稱得上十分不尋常，因為早有證據顯示心理治療會比不給予任何治療有效。在大多數情況下，控制組會接受某種與試驗中之方法不同的治療方法。根據實證研究的理想，各種治療方法都應被記載於治療師經訓練而依循的治療手冊中；但由於研究控制了所有其他方法，隨機對照試驗中的兩組最後仍將接受同一治療法，而置其他方法於不顧。

這種研究再次顯得缺乏外在效度。在真實的臨床作法中，經歷最嚴重危機的病患很少有人只接受一種治療法、只參與固定次數的會談或固定的其他治療面向。真實世界的作法會以彈性方式運用治療方法，必要時也會運用治療架構的所有資源。根據實證研究，療效在只用一個方法的情況下會減少 20%（Shadish 等人，1995；2003）。

如果在設計研究時能以真實世界的治療架構為依歸，那麼研

究所發現的成果才可能真正發生在日常專業作法中。如我們在本章開頭提到的，亞科曾為西拉普蘭省初發精神病病人作了一次成果追蹤調查，結果顯示：在第一個研究推出後的十年間，開放式對話的效果從不曾減少過。在設計這研究時，亞科納入了日常臨床作法的諸般面向，但並未解釋病人的轉變有多大部分可以歸因於特定治療方法。他的研究重於描述，而少於解釋，但這並沒減少它對發展作法的重要性。

從「解釋」模型到「描述」模型 [3]

與真實作法相應的研究應把整體治療過程和每個病人／案主的需求納入考量。前面提到之急性精神病開放式對話（ODAP）的研究在方法上是在自然背景下、在實際作法中進行追蹤調查。它所使用的「描述」治療模型會了解每個病人的治療情況，並將成果拿來跟傳統治療的成果作比較，也跟治療模型本身較早階段的成果作歷史比較。這樣的設計可以說明某一就醫區之整體治療模型的成功故事（該就醫區的精神病治療體系須對全體居民負全責）。這種設計的目標不在建構「解釋」模型，而在建構「描述」模型。

如我們在本章開頭提到的，亞科及其同事曾把自然研究法運用在憂鬱症伴侶治療的研究上（Seikkula 等人，2013）。在經過案主書面同意後，小組將他們隨機劃分為伴侶治療組和一般治療組。治療師沒有拿到治療手冊，卻需竭盡所知來採取行動、調整治療方式以適應每個病人的需求。在兩組當中，所有其他必要的方法都被整合起來，成為治療過程的一部分。如此一來，治療

方法依循了日常的臨床作法，但與之有個差別：被治療的兩組人馬中，一組人的伴侶參加會談，另一組人的伴侶沒有。這種設計的目的不是要解釋伴侶治療法造成了多大改變，而是要描述伴侶治療法在政府提供的治療中以什麼方式有助於治療重度憂鬱症病人。

傳統上，由於「描述」模型無法產生概括性比較、指出成因變數（effective variables）間的差異，以「描述」模型做出的研究被視為次於「解釋」模型所做的研究。法國社會學家布魯諾·拉圖（Bruno Latour）認為（1988，頁 159、160）：視解釋優於描述時，我們實際上想從遠方控制情境。他討論了所謂的強大解釋和軟弱解釋。在強大解釋中，最少量的元素（explanans）被用來解釋最大量的元素（explanada）。相互關係的解釋要比因果關係的解釋軟弱，而描述性的解說最為無力。如果專業工作者或小組本身就在充滿解釋的情境中，他們使用軟弱解釋即可，因為把複雜之事化簡為幾項事實並無用處。當有人想從遠方發揮影響力時，強大解釋是必要的。如果有人想從遠方控制好幾個情境，強大解釋會變得特別重要。拉圖認為，為了從遠方發揮影響力，人會建立許多「運算中心」（centers of calculation）[4]、讓資訊流通在他們和他們想控制的情境之間。

站得住腳的治療或作法手冊是試圖從遠方控制情境的手段，

3　譯註：「解釋」模型所解釋的乃是獨立變數（成因、風險因素等）何以影響非獨立變數（結果），「描述」模型則說明實際作法的運作方式。

4　譯註：法文為「lescentres de calcul」，非指今日的電子計算機中心，而是指使用運算法出產知識的所在，如實驗室。

而遠方的情境必須根據手冊做改變。頗為矛盾的是，要從遠方控制情境，人必須謹慎地從研究結果中把某一個別情境的所有資料過濾出來。但如果研究所產生的知識只在個別情境中站得住腳，那知識就不具有可移轉性，因而以遙控為目的的研究又必須在設計情境時不讓地方特殊因素影響作法成果——其想法是：知識越是與情境無涉（越具普遍性），就越具可移轉性。這些問題都是在人想從遠方控制情境時必須面對的。但如果他／她在情境內做研究，那情況就會有所不同，可移轉性的問題也會不一樣。如果人在自己想要了解的情境內做研究，他／她不必使用那些被認為具有普遍性而可移轉的解釋辭語。

控制作法的社會機器

研究模型和推展模型是攜手並進的。在推展的範疇中，與研究之實驗情境相應的就是「執行」這個部分，以複製和重複所研究的作法為目標，其背後的想法是：研究提供了資訊，資訊被傳到人想要控制的情境，進而讓已被證明有效的作法在這些情境中成為普遍作法。這種看法認為過程的每一階段都不可能受到政治因素的影響。但「執行」並不意謂我們可以把實驗情境直接搬到變數甚多的實際作法上；事實上，執行過程的每一步都涉及政治。首先，看重實證研究甚於其他方式並非只是科學領域的家務事，也是政治選擇所造成的結果。想從遠方控制治療或其他實際工作的願望是使普遍性解釋和實驗情境成為必要的主因。做決策的權力已被交託給地區或地方政府，但同時仍有人費盡心機想藉準則手冊（最好具有通用性）來主導實際作法。研究者在標明因

果關係時渴望發現通用性，而用實驗情境來尋找因果關係。新的指導模式則會要求新的研究模式。其次，在執行作法時，我們也很難擺脫政治因素。我們在引進作法時必需與人協商、做選擇、排定優先順序、做決定、做修改、做調整以適應地方條件，不是只複製研究所說的作法形式就可以。與論文不同的是，好的作法無法從一地移轉到另一地。如要具有持續性，好的作法在實際進行時不僅需要有好的工作者，也需要有好的管理階層，更需要有轉介及接受案主、彼此關係良好的機構與專業人士以及好的地方資源網。從科學證據走到作法的引進，這條路上的地形布滿了利害衝突以及無數有影響力的參與者。「執行」一詞實無法描述某種作法成為通用作法的政治歷程。

　　散播好的作法可以說有兩種極相對立的方式。主流模式把各層面的主體（供應者）和客體（接受者）劃分得清清楚楚：

● 　案主是接受干預的客體，專業人士是主體

● 　專業人士是推展方案所針對的對象，研究者和推展者是主體

● 　地方工作者是作法散播所針對的對象，中央政府是主體

　　對話模式則在各個層面上依賴對話主體：

● 　案主是服務及其成效的共同創造者

● 　就作法而言，專業人士是共同研究者和共同推展者

● 　地方工作者與其他地方的工作者是對話者，而中央政府是給
　　予助力的夥伴

循證醫學（EBM）的原始理想是提供資訊給專業工作者，以支持他／她做出睿智的決定；在碰到難題時，他／她可以查閱成果研究並選擇適當方法（Ghali & Sarigous，2002）。然而，自認是循證醫學支持者的蓋力（W. Ghali）和賽利葛斯（P. Sarigous）發現這理想從未實現過。一般專業工作者並沒有時間或能力來研讀原始研究，因此大部分專業工作者並未成為獨立的方法創造者，也未能獨立使用研究所提供的知識，反而成為了準則手冊的跟隨者，被後者主導。羅斯・厄普蕭（Ross E. G. Upshur）發現，循證醫學之理想的破滅實際上代表的是大家又開始崇拜更高的權威。有了事先評估好的摘要，選擇就變簡單了。

問題並不僅在於同時想遙控好幾個地方政府的行政主管，也在於著眼於龐大利潤的製藥廠商。對設法研發新法的研究者來講，使新法成為市場商品也是個很難讓他們抗拒得了的誘惑。這一切都被冠以科學研究發展之名，但實際上與科學本身的發展方式背道而馳。

人際工作的研究發展已經快速並全盤地從種種互動結構學派所強調的互動觀點轉移到一種類似 1950 年代後期實證主義的廣泛觀點。當然，我們在這當中並未發現有任何發動改變的大本營，也未發現參與改變的人曾共謀如此。每個參與者都依自己之意行事，無視同一領域中其他人的存在。這波浪潮是由異質元素組成的，而這些元素結合起來形成某種社會機器（*dispositive*）[5]。米歇爾・傅柯用「社會機器」這概念來描述及分析那些指導作法和思考模式的活動如何在特定活動領域內結合起來。「我想對這名詞下的定義是：首先，它是由各種論述、傳統與體制、建築形式、管制性決策、法律、行政手段、科學陳述、哲學／道德／慈善事

業之論見——簡言之，有說的和沒說的全在其中——所組成的全
然異質合體。所有這些元素組成了這部機器。機器本身是這些元
素連結後形成的關係系統」（Foucault，1980，頁 194-228）。

　　布魯諾‧拉圖則把重點放在使事情得以發生的資源網連結
（1987／2002，頁 103-144）。當觀念流動於資源網之間時，
其中之行為者的利益會相交，但不可能相同。大家必須為不同利
益、甚至彼此的衝突做出協商，然後每個人會採納經過改譯——
也就是根據各自利益加以修正——的方法和觀念。若多方各堅持
己利或者資源網之連結較薄弱，那就有可能導致許多「改譯」
（translations）現象。要使方法和觀念在絲毫不改、沒有改譯或僅
有最起碼改譯的情況下傳播出去，尋找盟友和強大關係——也就
是使用強勢力量——就會成為必要[6]。

　　控制作法的社會機器現在正出現在我們眼前，其中的行政、
資金提供者和學術資源網由於利益相通而彼此建有結盟關係。
這些因素之所以能夠結盟，是因為在強行要求專業領域使用單向
作法並以許諾這些領域可單向控制成果來合法化自己的強勢作為
時，它們彼此具有相互倚賴的關係。連結這些異質元素的意識型
態即來自視他人為外物而非主體、為對象而非夥伴的干預主義／
策略主義／簡化主義思想，而這思想也正是它的致命弱點。這否
定人性的觀點有許多破綻，不僅害及嚴謹但簡化的研究環境，並

5　譯註：英文世界一般援用法文原字「dispositif」，為「機器、設備」之意。
　　作者使用的英文字「dispositive」之意與法文原字不同。
6　譯註：此段所言與拉圖及其他學者共同建立的「Actor-Network Theory」
　　有關。

將連帶使好的作法無法在不同體系中執行出來。

能發揮社會影響力的科學

在《重新思考科學：無確信時代中的知識與大眾》（*Rethinking Science: Knowledge and the Pulbic in an Age of Uncertainty*，2002）一書中，夏珈・諾沃特尼（Helga Nowotny）、彼得・史考特（Peter Scott）以及麥可・吉朋斯（Michael Gibbons）寫道：在追求實效知識之同時將知識中的情境因素清除乾淨，如此產生的知識不會比建立在實境基礎上的知識更具有確鑿可信度。這三位作者從應用科學和社會科學的不同研究領域及實際情境廣泛蒐集資料，然後藉這些資料分析科學與社會的關係。他們並未直接觀察人際工作的領域，但他們無疑提供了啟發，讓我們也可思索這方面之研究所面臨的挑戰。

諾沃特尼等人認為「可信賴的知識──我們為了獲致如此堅固及必要的標竿性知識還在不斷努力──不能在抽象環境中、而是要在具體地方環境中接受測試……唯當科學知識發揮社會影響力時，它才具有更充分和更堅固的可信度。因此，科學家必須強化自己對實際環境的敏感度，並散播這種知覺……讓科學更具環境敏感度的一個方法就是把人帶進來」（同上，頁117）。

那些組成社會機器以控制作法的資源網把它們彼此間堅強的結盟關係建立在缺乏環境因素的科學上。諾沃特尼等人認為，如果學術機構決定了科學研究大部分的溝通模式，這樣的科學在環境因素方面便顯得十分貧乏。換句話說，在這樣的研究中，「人

們」指的是一群可變成平均數值的人，而他們的願望和慾望在某種意義上則由學術機構以圖表呈現出來。為求發現一體適用的因果關係，為研究所設計的環境完全不含任何實際情境因素。反過來看，唯當研究者有機會、也願意回應社會傳來的訊息時，科學才有可能堅固地建立在現實環境基礎上。堅固之現實基礎指的是：與「外界」有更密切的互動、減少確信並增加變通能力、經由成功經驗保留好的作法、以及容許常人積極參與──他們的需求、願望和慾望必須被人聽見、回應和預期。

諾沃特尼等人希望能在缺乏情境因素和充滿情境因素的研究之間建立一塊由社群、專業領域、研究領域等參與的「交流空間」（transaction space），以之做為研究活動的中心。在這類「市集廣場」（agoras）成為中心的同時，當事者之間的對話也成了重心所在，研究者也因此對自己應該關注何事改變了觀點。他們不再僅關注結果的適用性，反而向前開啟視野：結論對眾人而言意味了什麼？研究活動將持續產生何種預期中的結果和影響？

人們並非以對象或外物的身分、而是以夥伴及對話中當事者的身分加入研究。我們有必要為跨界創造空間，也有必要在設計研究的過程中創造互動。諾沃特尼等人在書中說到：引進實際情境因素「有賴於科學家與社會上各種『他者』進行對話。作者深信，一個科學或研究領域愈與實際情境保持密切關係（也就是愈不把人及其慾望集體化為抽象數值），它可能生產的知識就愈具有社會影響力」（同上，頁 134）。這不是抽象的影響力；我們只能在利用這研究的某一實境情況中判斷其影響力。

諾沃特尼等人在他們 2002 年出版的書中認為實證研究是歷史

殘留物：「對社會計畫及科學所謂的可預測性抱持堅定信仰的現代世界巔峰時期（high modernity）[7]已離我們遠去了，雖然實證研究的存在仍讓我們看到這信仰依然賴著不走」（同上，頁5）。他們也認為這賴著不走的東西——原是一種知識工具——即將消失：「同樣遠去的是人們對簡單因果關係的信仰——這種信仰暗中認定所有因果關係根本上都是直線關係。如今取而代之的認知則是：許多（或大多數）關係都非直線形，卻具不可預測性和各種變化形態。」

諾沃特尼等人也許曾對這過渡階段抱有過於樂觀的想法，因為就目前看起來，浪潮似乎正流往相反的方向。橫掃世界各地的全球金融危機以及跨越疆界的生態危機的確搖撼了大家對計畫和可預測性的信仰，但這些衝擊也可能正是「賴著不走的東西」（或以數據掌控環境的幻想）仍舊存在的原因。

總結

我們在本書中不斷強調「承認及尊重他者之他異性與外在性」的重要性，視這種態度基本上可在人際關係中促使對話成為必要和可能。我們也討論了憂慮為何會阻礙對話性：由於有必要防止不樂見的發展，我們會忍不住抄捷徑去控制狀況。

雖然誕生於對話關係中，我們仍很可能讓對話性消失於烏有。在不同的人際工作中——如心理治療、教學、監獄中的社會工作等——我們必須用不同方法來恢復及創造對話空間，但這些不同方法仍具有許多共通點。被人聽見就已構成對話關係，之後的進一步對話則有賴於：聆聽他者所說的話並據之導入更多話

題、使人能與其自我豐富對話、鼓勵多聲複調、避開作者不明的
一致結論。

　　以控制為主的研究和發展往往禁不起誘惑，總想對他者之獨
特性及情境之複雜性視而不睹。它們抱持同樣的認知哲學，因而
也抱持著同樣的偏見，認為人基本上都是相同的。個人差異對它
們來講無足輕重，平均數值才重要。不僅「治療對象」不被認為
具有根本獨特性，連專業人士也一樣被當成微不足道的小人物。
重要的是普遍適用的因果結論，而非個別情境或個人。

　　這種關係也以相同模式出現在「執行好作法」情況中：實際
情境和人都不重要，普遍適用並可滲入任何城市的方法才重要。

　　為何以對話作法為題的研究和發展必須忠於對話原則？理由
並不是我們急欲追求和諧，而是我們有必要尊重他者的他異性。
人和實際情境都不可能一樣，因此一法並不足以通行天下，而這
就是我們必須面對的根本事實。除非你急想使所有實際情境變為
整齊劃一，否則他異性並不會構成阻礙，反而是使對話、連帶也
使豐富之複調認知成為必要和可能的必備條件。

　　我們描述了「同儕學習」，其中由單個領域或跨領域的專業
人士對談工作場所中的有效作法。我們也描述了地方政府之間的
「打穀倉」對話。這種對話事實上是創造「交流空間」和「市集
廣場」以及促使具有社會影響力之科學得以發生的重要場合，因
為它使相關者有機會對話，也使研究者得以衡量自己所建議的行

7　譯註：指 1950 年代末及 1960 年代冷戰時期科技至上的現代世界，其中西
　　方先進國家急於將其本身的現代化經驗與基本信念推廣至第三世界，無視各
　　國或各地區的個別差異。

動對他人有何潛在影響。

我們也討論了分析對話的方式以及如何做出符合對話原則的研究。研究對話以推展對話作法，並不表示它是種較無精確方法、較簡單易做的研究。以描述、而非因果解釋為重心，並不表示這是避重就輕的方法。相反的，做出符合實際情境的研究——也就是不照著研究設計來捏塑真實生命，卻照著真實生命來設計研究——更具有挑戰性。我們迄今還未能為這種研究找到現成的整套設計和方法——這也就是它為何更具有挑戰性的最起碼理由了。艱困的開路工作仍待我們投入，希望讀者也來加入我們的行列。

【第十章】 前往對話的未來

　　對發展對話作法和對話文化感興趣的人已經開始在世界各地進行會談了，例如某個一年兩度的國際代表大會就讓大家聚集起來從經驗和研究中學習，其中所發表的論文或演講以及所觸及的議題在內容和形式上無不包羅萬象，正好例證了對話作法的特色：對話作法與人的全般生命以及探討人類活動的一切學科息息相關。這就是為什麼我們認為對話作法（人際工作中的開放式對話）在未來將能拆解無數障礙的緣故。

　　想到專業領域間的界限即將在不久之未來成為次要之事，我們感到十分驚喜，因為同樣的對話本質——也就是需要被聽見並因此能自行運用心理資源及發揮作為能力的人性本質——將可同時成為學校、心理治療、或社會工作及管理工作在處理人際工作時的準則。

　　我們在書中提出激進改變的建議：從以專家為主並以改變「對象個人或對象團體」（案主、病人、學童、家人、專業社群）為目標的強勢作風轉變為無條件接納他者以及藉尊重尋求持續合作的對話作法，從官僚體系各自為政的單位協助轉變為透過私人與專業資源網之對話而產生的社會資源網整合。我們也提出一種工作文化，其中的專業制度必須順應常人生活的需求，而非反其道而行；其中的專業工作者也必須聆聽案主所說的話，並調整自己的專業知識以適應每個案主、病人、學童或家人的獨特生

存方式。

及早、開放、使用對話——大家都承認文化需要改變，而且令人驚訝的是，這麼激進的信息並沒有造成政治對立。左派、右派、中間派全都認知到：早期開放式合作和容許弱勢聲音被聽見的對話作法有其必要性。文化界和宗教界也未持反對立場，反而對這信息大表歡迎。然而很多工作仍待完成，因為以專家為中心的「筒倉式」專業協助是用二戰結束後的整個戰後時期（或更久時間）發展起來的，而且它所建立的控制模式仍攸關許多人的利益。但無論如何，願意了解對話作法的人已經互相謀面交流了。

許多時候，聯絡我們或其他倡導者的都是一些尋求他種做法的「平常人」。不好的經驗使他們尋覓其他選項：案主覺得提供協助者沒有聽他們說話，家長發現學校不了解他們孩子的特殊需求，接受精神治療的人在症狀發作時受到惡劣待遇而因此心靈受創並不再信任精神治療體系。有些案主開始積極尋找別的作法，精神病患者的家長開始尋找其他有類似經歷者，有些人則主動與開放式對話的專業工作者建立治療關係。

不想再當無所不知專家的專業人士往往也轉身採用對話作法。或者，尋求更具有回應性之工作方式的年輕專業人士往往也打從職業生涯一開始就採用這作法。影響得以延伸的一個重要管道是同事間的口耳相傳。對話性是人必須親身經歷才能了解的東西，並不是可藉知識加以掌握的方法或可從學習得來的技巧，因此一切關於它的描述都是蒼白無力的。口耳相傳的不僅是從嘴巴講出的字，也是一個有身體生命者所說的話，因而感動和激發的力量得以傳送出去。不過，書寫下來的文字也應該能激發好奇心——這是身為本書作者的我們所期望的。當然，電腦網路對於

人和觀念的連結更是無比重要。

　　有時候，真正令人驚佩的是家人的動機。有一位無意間從電腦網路上得知對話作法的母親遠從紐西蘭越洋來到芬蘭，只為見到採用開放式對話的專業人士。她那精神病不時發作的兒子也跟著一起過來。同時，義大利的一位護士也從網路獲悉「面對憂慮」的訓練課程以及由芬蘭國家健康暨社會福利研究院所主持的「早期開放式合作」專案計畫；她立即連繫了小組人員。

　　值得慶幸的是，我們在網路上不僅可以找到關於開放式對話作法的文件和描述，也可以找到影片、辯論、音樂表演等等。許多協會提供論壇，讓大家可以交換經驗、熟悉新的作法以及建立聯繫。世界愈變愈小，也讓人更易前往。控制作法也因此轉居下風；例如，從前歸精神病治療體制控制的事情現在已不再嚴格屬於它的管轄範圍。在循證醫學所授權訂定的「最佳治療」手冊之外，案主已可直接找到另類作法的資料記錄。這並非全然沒有爭議性，但這是今天世界的寫照。

　　在地方建立持久的對話文化不可能一蹴而就。在盯著一份由某位重要發起者——她是努密亞維市（一個對發展對話精神頗有經驗的城市）某機構的主管——所寫的專案總結時，湯姆不得不揉起眼睛來。紙張上畫有流程圖，流程圖上列出不同層級的方塊區，最上方方塊名為「全國專案」，然後清晰的箭頭一一往下指去，直指到最下方的「城市專案」。湯姆難以置信地問：「真是這樣嗎，由上而下推行的？」他曾參加這專案計畫；至少在他看來，全國專案充其量是末節之事。那主管笑說：「當然不是！但這是較容易的描述方式。」這報告是用來取得管理學證書的。湯姆問：「那麼，你實際的想法是？」那位主管解釋說，市議會中

有位政治人物要求兒童保護協會必須減少托顧兒童的人數，因此她把握機會，說她將採用以案主個人資源網為重的對話作法並保證這作法可以協助解決問題。她獲准這麼做，並找來一些夥伴，其中每個人從自己的觀點和經驗處理這問題。湯姆的小組就是在那節骨眼參與了這專案——他的小組一直在尋找願意推展對話作法的城市。他們開始組辦以「面對憂慮」為起步的訓練課程，並讓越來越大範圍的人員加入基層人士的觀念訓練。他們也開始引進期待／未來式對話作法，並建立一個常設跨界指導委員會（包括一位全職協調者）。這過程藉著一連串不曾稍停的努力與有關者對話以掌握基層機會，完全不同於證書作業所畫的簡單流線型流程圖。後來，在某次多城市參與的「打穀倉」對話中，那主管用鋪陳故事的方式把過去的經驗描述出來，遠比她用流程圖更能讓參加者從中獲得資訊和啟發。不過——這位主管事先補充說——流程途中用方塊標出的國家和地區專案也很有用，因為這些專案合法化了、甚至撥出一部分預算給城市專案，使地方更容易說服某些關鍵人士。然而，作法的實踐畢竟不是由上一路往下的過程。湯姆的一個同事在評價芬蘭的學校改革時如此說：「不要問專案如何改變學校，而要問學校如何改變專案！」

丹麥一個精神病治療單位為慶祝他們採用「開放式對話作法」五週年舉辦了一個會議，邀請亞科前往參加。有許多報告在會中被提出來，其中一個報告者是位護士。她說她之所以會成為某個開放式對話小組的一員，原因在於她負責的工作與精神病及其他嚴重危機有關。她說，在她長達二十五年的護士生涯中，她曾因無法實現上天託付給她的使命——也就是當初促使她立志當護士的某種呼召——備感灰心受挫。她步上南丁格爾曾經走過的

那條路，視南丁格爾為護士人員的理想典範。但在那麼多年當中，她始終自覺不斷被迫在各方面做出妥協、違背自己的專業理想，於是她決定辭職並尋找別的專業工作。很偶然地，她接觸到一個開放式對話小組並實際開始跟小組一起工作，同時開始接受人際工作的訓練。她後來在報告中提到，這四年改變了一切，並證明她最初想當護士的決定是對的。在對話作法中，她覺得自己可以實現當年在護理學校當學生時所懷抱的年輕理想。

訓練專業人士用對話方式面對憂慮時，湯姆常聽到有人在驚訝中鬆了一口氣說：「我們真的可以持有主觀看法？」在討論到憂慮和其他知覺──自己的和他人的──都具有主觀性時，參加者常會這麼說。湯姆因此會問：「是誰不讓你擁有這權利的？」於是大家開始在室內熱烈討論起自己內化於心的各種專家應有形象。

人際工作者不該覺得自己無權回應他人，也不該覺得自己必須棄守理想和價值觀。他們可以立刻在當下作法中拆卸自己的心理障礙。在此我們希望自己在盡力後已把創造對話空間的方式揭示了出來。要推倒各種障礙，大家有必要在不同層面上一起努力；我們兩人因此也希望此書已播下希望的種子，讓大家相信追求持久性的對話工作文化必有成功之日。

參考書目

Aaltonen, J., Seikkula, J. & Lehtinen, K. (2011). The comprehensive open dialogue approach in Western Lapland. I. The incidence of non-affective psychosis and prodromal states, Psychosis, 3: 179 - 191–198

Agnus, L., Levitt, H., & Hardtke, K. (1999). The narrative process coding system: Research applications and applications for therapy. Journal of Clinical Psychology, 50, 1244–1270.

Alanen, Y. (1997). Schizophrenia: Its origins and need-adapted treatment. London: Karnac.

Alanen, Y. (2009). Towards more humanistic psychiatry. Development of need-adapted treatment of schizophrenia group psychosis, Psychosis 1: 156–166.

Alanen, Y., Lehtinen, K., Räkköläinen, V. & Aaltonen, J. (1991). Need-adapted treatment of new schizophrenic patients. Experiences and results of the Turku Project. Acta Psychiatrica Scandinavica, 83, 363–372.

American Psychiatric Association. (1987). Diagnostic and statistical manual of mental disorders (4th ed.). Washington, DC: Author. and conversations that make a difference. New York: Routledge/Taylor & Francis.

Andersen, T. (1991). The reflecting team: Dialogues and dialogues about the dialogues. New York: Norton.

Andersen, T. (1995). Reflecting processes; acts of forming and informing. In Friedman, S. (Ed.). The reflecting team in action (pp. 11–37). New York: Guilford.

Andersen, T. (2007) Human participating: human 'being' is the step for human 'becoming' in the next step, in H. Anderson and D. Gehart (eds.) Collaborative therapy. Relationships and conversations that make a difference. New York: Routledge/Taylor & Francis.

Anderson, H. (1997). Conversation, language, and possibilities. New York: Basic Books.

Anderson, H., & Goolishian, H. (1988). Human systems as linguistic systems: Preliminary and evolving ideas about the implications for clinical theory. Family Process, 27, 371–393.

Andreasen, N. (1989) Brain imaging: Applications in psychiatry. Washington: American Psychiatric Press.

Andreasen, N., Nopoulos, P., Magnotta, V., Pierson, R., Ziebell, S. & Ho, B-C. (2011). Progressive Brain Change in Schizophrenia: A Prospective Longitudinal Study of First-Episode Schizophrenia. Biological Psychiatry,70,672–679.

Aristotle. (2004). Nicomachean Ethics. Translated by J.A.K. ThompsonFurther revised edition. St Ives: Penguin Books

Arnkil, E. (1992). Sosiaalityön rajasysteemit ja kehitysvyöhyke. (The systems of boundary and the developmental zone of social work. English summary.) Jyväskylä Studies in Education, Psychology and Social Research 85. Jyväskylä: University of Jyväskylä.

Arnkil, R. (2008) In Search of Missing Links in Disseminating Good Practice – Experiences of a Work Reform Programme in Finland. International Journal of Action Research. Vol 4, Issue 1+2, 39 – 62

Arnkil, R., & Spangar, T. (2011). Open and integrated peer-learning spaces in municipal development. In Alasoini, et. al. (2011) Linking Theory and Practice – Learning Networks at the Service of Workplace Innovation. TEKES. Finland

Arnkil, T. E. & Eriksson, E. (1995): Mukaan meneminen ja toisin toimiminen. Nuorisopoliklinikka verkostoissaan. (Feeling alike and acting differently. The adolescent clinic and its networks. English summary.) Stakes. Tutkimuksia 51. Saarijärvi

Arnkil, T. E. & Eriksson, E. (1996): Kenelle jää kontrollin Musta Pekka -kortti?. Sosiaalitoimisto verkostoissaan. (Who is going to have the Old Maid card of the control game? Social welfare office in its networks. English summary.) Stakes. Tutkimuksia 63. Jyväskylä

Autio, P. (2003). Indoktrinaatio avoimen dialogin hoitomallissa. Pro gradu tutkielma. Joensuun yliopisto. Psykologian laitos.

Bakhtin, M. (1981) Dialogic imagination. Austin: Texas University Press.

Bakhtin, M. (1984). Problems of Dostoevsky's poetics. Minneapolis: University of Minnesota Press.

Bakhtin, M. (1986). Speech genres and other late essays. Austin: University of Texas Press.

Bakhtin, M. (1990). Art and answerability. Austin: University of Texas Press.

Bakhtin, M. (1993) Toward a philosophy of the act. Austin. University of Texas Press.

Barbui, C. & Cipriani, A. & Patel, V. Ayuso-Mateos, J.L. & van Ommeren, M. (2011) Efficacy, of antidepressants and benzodiazepines in minor depression: systematic review and meta-analysis. The British Journal of Psychiatry 198, 11–16.

Bateson, G. (1972). Steps to an ecology of mind. New York: Ballantine Books.

Biesel, K. & Wolff, R. Aus Kinderschutzfehlern lernen. Eine dialogisch-systemische Rekonstruktion des Falles Lea-Sophie. Forthcoming March 2014

Bourdieu, P. (1998) Practical reason: On the theory of action. Cambridge: Polity Press

Bourdieu, P & Wacquant, L. (2002) An Invitation to Reflexive Sociology. University of Chicago Press and Polity

Bråten, S. (2007). On being moved : From mirror neurons to empathy. Amsterdam: John Benjamins Publishing.

Buber, M. (1958). I and Thou. Translated by Ronald Gregor Smith. New York: Charles Scribner's Sons.

Burnyeat, M.F. (1990) The Theaetetus of Plato, with a translation by Jane Levett, Hackett: Indianapolis.

Conklin, J. (2006) Dialogue Mapping – Building Shared Understanding of Wicked Problems. Chichester: John Wiley & Sons Ltd.

Crowley, T. (2001) Bakhtin and the history of language. In Hirschkop, K. & Shepherd, D. (eds.) Bakhtin and cultural theory. Second edition. (pp, 177- 200). Manchester: Manchester University Press.

De Hert, M., Correll, C. & Cohen Do, D. (2010). Antipsychotic medications reduce or increase mortality in schizophrenia? A critical appraisal of the FIN-11 study. Schizophrenia Research 117 68–74.

deBono (http://www.debonothinkingsystems.com/tools/6hats.htm

Donati, P (2011) Relational sociology. A New Paradigm for the Social Sciences. London: Routledge

Doolan, M. (2002). Establishing an Effective Mandate for Family Group Conferences. In Faureholm & Pedersen (Ed.) 2002: Demokratisering af det sociale arbejde med familier. Rapport fra Nordisk konference on familierådslagning 15.–16. marts 2002 i København, 9–17

Eriksson, E. & Arnkil, T.E. (2009) Taking up one's worries. A handbook on early dialogues. National Institute for Health and Welfare. Guide 1. Jyväskylä: Gummerus Printing

Fivaz-Depeursinge, E., Fvez, N., Lavanchy, C., de Noni, S. & Frascalo, F. (2005). Four month olds make triangular bids to father and mother during trialogue play with still face. Social Development, 14, 361- 378.

Folgeraither, F. (2004) Relational social work: toward networking and societal practices. London: Jessica Kingsley

Foucault, M. (1980). Power/knowledge. Selected interviews and other writings 1972 – 1977. Ed. C. Gordon. New York: Pantheon.

Foucault, M. (1983): «Un système fini face à une demande infinie » (entretien avec R. Bono *), in Sécurité sociale : l'enjeu, Paris, Syros, 39-63. (The interview is available at http://1libertaire.free.fr/MFoucault276.html)

Freire, P. (2006). Pedagogy of the Oppressed, 30th Anniversary ed. (Original English 1970). New York: Continuum.

Friis, S., Larsen, T.K. & Melle, I. (2003). Terapi ved psykoser. Tidsskriftet for Norsk Lægeforening, 123, 1393.

Gal'perin. P. Ya. (1969). Stages in the development of mental acts. In M. Cole & I. Maltzman (Eds.), A handbook of contemporary Soviet psychology (pp. 249-273). New York: Basic Books.

Ghali, W. & Sarigous, P. (2002) The evolving paradigm of evidence-based medicine. Journal of Evaluation in Clinical Practice, 8,2, 109-112

Gibson J.J. (1979). The Ecological Approach to Visual Perception. Hillside, NJ: Lawrence Erlbaum Inc Publisher.

Gilbert, P., Harris, J., McAdams, L. A. & Jeste, P. (1995). Neuroleptic withdrawal in schizophrenic patients. A review of literature. Archives of General Psychiatry, 52, 173 – 188.

Guregard, S. & Seikkula, J. (2013). Establsihing a therapeutic relationship with the refugee family. Contemporary Family Therapy. Doi 10.1007/s10591-013-9263-5

Haarakangas, K. (1997). Hoitokokouksen äänet. (The voices in treatment meeting. A dialogical analysis of the treatment meeting conversations in family-centred psychiatric treatment process in regard to the team activity.) Diss. English Summary. Jyväskylä Studies in Education, Psychology and Social Research. 130.

Harrow M, & Jobe T,H. (2013). Does Long-Term Treatment of Schizophrenia With Antipsychotic Medications Facilitate Recovery? Schizophrenia Bulletin. 2013 Mar 19.

Heino, T. (2009) Family Group Conference from a Child Perspective. Nordic research report. Reports 9. Helsinki: National Institute for Health and Welfare

Ho, B-C, Andreasen, N., Ziebell, S. Pierson, R. & Magnotta, V. (2011). Long-term Antipsychotic Treatment and Brain Volumes.A Longitudinal Study of First-Episode Schizophrenia. Arch Gen Psychiatry. 2011;68(2):128-137

Hoffman, L. (2002). Family therapy: An intimate history. New York: Norton.

Holma, J. (1999). The search for a narrative. Investigating acute psychosis and the Need-Adapted treatment model from the narrative viewpoint. Jyväskylä Studies in Education, Psychology and Social Research, 150.

Hornby, N. (1998). About a boy. London:Collanz

Hrdy, S. (2009). Mothers and Others: The Evolutionary Origins of Mutual Understanding. Belknap Press.

Imber-Black, E. (1998). Families and Larger Systems. A Family Therapist's Guide Through the Labyrinth. New York, London: The Guilford Press.

Insel, T. (2013). Antipsychotics: Taking the long view. http://www.nimh.nih.gov/about/director/2013/antipsychotics-taking-the-long-view.shtml[20.9.2013 13:57:37]

Jackson, C., & Birchwood, M. (1996). Early intervention in psychosis: Opportunities for secondary prevention. British Journal of Clinical Psychology, 35, 487-502.

Joukamaa, M., Heliövaara, M.,Knekt, P. Aromaa, A., Raitasalo, R. and Lehtinen, V. (2006). Schizophrenia, neuroleptic medication and mortality. BJP 2006, 188:122-127. version at doi: 10.1192/bjp.188.2.122

Keränen, J. (1992). The choice between outpatient and inpatient treatment in a family centred psychiatric treatment system. Diss. English summary. Jyväskylä Studies in Education, Psychology and Social Research, 93, 124–129.

Kissling, W. & Leucht, S. (2001). Results of treatment of schizophrenia: Is the glass half full or half empty. International Clinical Psychopharmacology, 14(Suppl 3), S11-S14.

Kokko, R-L. (2003). Asiakas kuntoutuksen yhteistyöryhmässä. Institutionaalisen kokemisen jännitteitä. Helsinki: Kuntoutussäätiö, Tutkimuksia 72/2003.

Kokko, R-L. (2006) Tulevaisuuden muistelu. Ennakointidialogit asiakkaiden kokemina. (Recalling the future. Anticipation dialogues experienced by clients). Helsinki:STAKES.

Koskimies, M., Pyhäjoki, J. & Arnkil, T.E. (2012). Hyvien käytäntöjen dialogit. Opas 24. Tampere: Terveyden ja hyvinvoinnin laitos

Laitila, A., Aaltonen, J.,Wahlström, J., & Agnus, L. (2001). Narrative process coding system in marital and family therapy: An intensive case analysis of the formation of a therapeutic system. Contemporary Family Therapy, 23, 309–322.

Latour, B (1987). Science in action. How to follow scientists and engineers through society. Tenth printing 2002.

Cambridge, Mass: Harward University Press

Latour, B. (1988). Politics of explanation: an Alternative. In Woolgar, S. (ed): Knowledge and Reflexivity. New Frontiers in Sociology. Bristol: Sage publications. 155-176

Lehman, A., Kreyenbuhl, J., Buchanan, R., Dickerson, F., Dixon, L., Goldberg, R. mfl. (2003) The Schizophrenia Patient Outcome Research Team (PORT). Updated treatment recommendations 2003. Schizophrenia Bulletin, 30(2), 193-217.

Leont'ev, A.N. (1981). Problems of the Development of the Mind (original 1959), Trans. M. Kopylova) Moscow: Progress Publishers

Lévinas, E. (2004). Totality and Infinity: An Essay on Exteriority. Translated by Alphonso Lingis. Pittsburgh: Duquesne University Press.

Linell, P. (1998). Approaching dialogue. Talk, interaction and contexts in dialogical perspectives. Amsterdam: John Benjamins.

Linell, P., Gustavsson, L., & Juvonen, P. (1988). Interactional dominance in dyadic communication: A presentation of initiative-response analysis. Linguistics, 26, 415–442.

Lowe, R. (2005) Structured methods and striking moments. Using question sequences in 'living' ways. Family Process 44: 65–75.

Luckman, T. (1990). Social communication, dialogue and conversation. In I. Markova & K. Foppa (Eds.), The dynamics of dialogue (pp. 45–61). London: Harvester.

Malmberg-Heimonen, I. (2011). The effects of family groups conferences on social support and mental health for longer-term social assistance recipients in Norwya. The British Journal of Social Work vol. 41, 949-967

Marková, I. and Foppa, K., (eds.). (1990). The Dynamics of Dialogue. Hemel Hempstead: Harvester Wheatsheaf.

Marková, I., Linell, P., Grossen, M. &Salazar-Orvig, A. (2007). Dialogue in Focus Groups: Exploring Socially Shared knowledge. London: Equinox

Marková. I. (1990). Introduction. In I. Markova & K. Foppa, The Dynamics

of dialogue. (pp. 1-22). Hertforshire: Harvester & Wheatsheaf.

Maturana, H.&Varela, F.(1980). Autopoiesis and Cognition. Dordrecht: Reidel

Mortensen, B. (2007). Børneperspektivet i familierådslagning. Styrelsen for Specialrådgivning og Social Service. Odense. www.servicestyrelsen.dk

new schizophrenic patients: Experiences and results of the Turku Project. Acta

Nowotny, H., Scott, P. & Gibbons, M. (2002). Re-thinking science: Knowledge and the public in an age of uncertainty. Malden, MA: Blackwell Publisher.

Pawson, R. (2008). Invisible Mechanisms. Evaluation Journal of Australasia, Vol 8, No 2, 3-13

Perticari, P. (2008). La scuola che non c'è. Riflessioni e esperienze per un insegnamento aperto, inclusivo e universalità. Il caso del 2° Istituto comprensivo di Brescia. Roma: Armando Editore

Peuranen, E. (1980). Bahtinin sosiologinen poetiikka. [Bakhtin's sociological poetics]. Kulttuurivihkot, 8, 17–27.

Pigott, E., Leventhal, M., Alter, G. & Boren, J. (2010). Effectiveness of Antidepressants: Current Status of Research. Psychotherapy and Psychosomatics 2010;79:267-279 .

Polanyi, M. (1958) Personal Knowledge: Towards a Post-Critical Philosophy. Chicago: University of Chicago Press

Porges, S. (2011). The polyvagal theory: Neurophysiological foundations of emotions, attachment, communication, self-regulation. New York: Norton.

Quillman, T. (2011). Neuroscience and therapists self-disclosure: Deepening right brain to right brain communication between therapist and patient. Clinical Social Work Journal, 40, 1-9.

Rittel, H. (1972). On the Planning Crisis: Systems Analysis of the 'First and Second Generations'. Bedriftskonomen, Vol. 8, 1972.

Räsänen, E., Holma, J. & Seikkula, J. (2012). Constructing Healing Dialogues in Group Treatment for Men who have used Violence against Their Partners. Social Works in Mental Health, 10:2, 127-145.

Sachs, D & Shapiro, S. (1976) On paralell processes in threapy and teaching.

Psychoanalytic Quarterly, 45 (3): 394-415

Saikku, P. (2006): Asiakasyhteistyötä uudella lailla. Kuntotuksen asiakasyhteistyön arviointia. STH Selvityksiä 2006:47

Schore, A. (2009). Right brain affect regulation: An essential mechanism of development, trauma, dissociation, and psychotherapy. In D. Fosha & D. Siegel (Eds.) The healing power of emotion: Affective neuroscience, development & clinical practice (pp. 112 - 144). New York: Norton.

Schwartzman, H., & Kneifel, A. (1985). How the child care system replicates family patterns. In. J. Schwartzman (Ed.), Families and other systems (pp. 87-107). New York: Guilford.

Seikkula, J. (1991). Perheen ja sairaalan rajasysteemi potilaan sosiaalisessa verkostossa. Jyväskylä Studies in Education, Psychology and Social Research, 80.

Seikkula, J. (1995). From monologue to dialogue in consultation with larger systems. Human Systems, 6, 21–42.

Seikkula, J. (2002). Open dialogues with good and poor outcomes for psychotic crises: Examples from families with violence. Journal of Marital and Family Therapy, 28, 263–274.

Seikkula, J. (2011). Becoming dialogical: Psychotherapy or a way of life? The Australian and New Zealand Journal of Family Therapy, 32, (179–193).

Seikkula, J. & Sutela, M. (1990). Coevolution of the family and the hospital: The System of Boundary. Journal of Strategic and Systemic Therapies. 9, 34-42.

Seikkula, J. Aaltonen, J., Kalla, O., Saarinen, P. & Tolvanen A. (2012). Couple therapy in therapy for depression within a naturalistic setting in Finland: a two-year randomized trial. Journal of Family Therapy, (2012) doi: 10.1111/j.1467–6427.2010.00498.x

Seikkula, J., &. Trimble, D. (2005) Healing elements of therapeutic conversation: Dialogue as an embodiment of love. Family Process, 44, 461–475.

Seikkula, J., Aaltonen, J., Alakare, B., Haarakangas, K., Keränen, J. & Sutela, M. (1995). Treating psychosis by means of open dialogue. In Friedman, S. (ed.) The Reflective process in action. New York. Guilford Publication.

Seikkula, J., Alakare, B. & Aaltonen; J. (2011a) . The Comprehensive Open-Dialogue Approach in Western Lapland: II. Long-term stability of acute psychosis outcomes in advanced community care. Psychosis. 3, 192–204.

Seikkula, J., Alakare, B., Aaltonen, J., Haarakangas, K., Keränen, J. & Lehtinen, K. (2006). 5 years experiences of first-episode non-affective psychosis in Open Dialogue approach: Treatment principles, follow-up outcomes and two case analyses. Psychotherapy Research, 16, 214–228.

Seikkula, J., Alakare, B., Aal¬tonen, J., Holma, J., Rasinkangas, A. & Lehtinen, V. (2003). Open Dialogue approach: Treatment principles and preliminary results of a two-year follow-up on first episode schizophrenia. Ethical Human Sciences and Services. 5(3), 163- 182.

Seikkula, J., Laitila, A., & Rober, P. (2011b). Making sense of multifactor dialogues. Journal of Marital and Family Therapy. doi: 10.1111/j.1752-0606.2011.00238.x

Selvini-Palazzoli, M., Boscolo, L., Cecchin, G., & Prata, G. (1978). Paradox and counterparadox. New York: Jason Aronson.

Seppänen-Järvelä, R.& Karjalainen, V. (eds.) (2006) Kehittämistyön risteyksiä. Terveyden ja hyvinvoinnin laitos. Helsinki.

Shadish, W., Ragsdale, K., Glaser, R. & Montgomery, L. (1995). The efficacy and effectiveness of marital and family therapy: A perspective from meta-analysis. Journal of Marital and Family Therapy, 21, 345 – 361.

Shotter, J. (1993). Conversational realities: Constructing life through language. London: Sage.

Stanton, A. & Schwartz, M. (1954): The mental hospital. New York: Basic Books.

Stern, D. (2004). The present moment in psychotherapy and every day life. New York: Norton

Stern, S., Doolan, M., Staples, E., Szmukler, G., & Eisler, I. (1999). Disruption and reconstruction: Narrative insights into the experience of family members caring for a relative diagnosed with serious mental illness. Family Process, 38, 353–369.

Stiles, B., Osatuke, K., Click, M., & MacKay, H. (2004). Encounters between internal voices generate emotion: An elaboration of the assimilation model. In H. Hermans & C. Dimaggio (Eds.), The dialogical self in psychotherapy (pp. 91–107). New York: Brunner/Routledge

Surakka, V. (1999). Contagion and modulation of human emotions. Acta Universitatis Tamperensis; 627. Tampere: Tampereen yliopisto

Svedberg, B., Mesterton, A. & Cullberg, J. (2001). First-episode non-affective psychosis in a total urban population: a 5-year follow-up. Social Psychiatry, 36:332-337.

Swartz, S. D. (1994). Issues in the analysis of psychotic speech. Journal of Psycholinguistic Research, 23, 29–44.

Tiihonen,J. Lönnqvist,J., Wahlbeck,K., Klaukka,T., Niskanen,L., Tanskanen,A. & Haukka, J. (2009). 11-year follow-up of mortality in patients with schizophrenia: a population-based cohort study (FIN11 study) Lancet www.thelancet.com Published online July 13, 2009 DOI:10.1016/S0140-6736(09)60742-X

Tomasello, M., Carpenter, M., Call, J., Behne, T., Moll, H. (2005). Understanding and sharing intentions: The origins of cultural cognition. Behavioral and Brain Sciences, 28, 675-691.

Trevarthen, C. (1990). Signs before speech. In T.A. Seveok & J. Umiker–Sebeok (Eds.), The semiotic web (pp. 689–755). Amsterdam: Mouton de Gruyter.

Trevarthen, C. (1992). An infant's motives for speaking and thinking in the culture. In Wold, A. (Ed.) The dialogical alternative: Towards a theory of language and mind (pp. 99 -137). Oslo: Scandinavian University Press.

Trevarthen, C. (2011). Born For Art, and the Joyful Companionship of Fiction. In D. Narvaez, J. Panksepp, A. Schore & T. Gleason (Eds.) Human Nature, Early Experience and the Environment of Evolutionary Adaptedness. Oxford University Press.

Trimble, D. (2000). Emotion and voice in network therapy. Netletter. 7(1), 11–16.

Upshur, R. (2002) If not evidence, then what? Or does medicine really need a base. Journal of Evaluation in Clinical Practice, 8,2, 113-119

Voloshinov, V. (1986). Marxism and the philosophy of language. Cambridge: Harvard University Press

Vygotski, L. (1972) Thought and language. Cambridge MA: MIT Press.

Vygotski, L. (1981). The development of higher forms of attention in childhood. In J. Wertsch, J. (ed.) The concept of activity in Soviet psychology. (pp. 189 – 240). New York: M.E. Sharp Inc.

Wagner, J. (2007). Fångad av samtal. In H. Eliassen & J. Seikkula (Eds.) Reflekterande prosesser i praksis (pp.206 – 222). Oslo: Universitetsforlaget.

Wertsch, J. (1985). Vygotsky and social formation of mind. Cambridge: Harvard University Press.

Wertsch, J. (1991). Voices of the Mind: A sociocultural approach to mediated action. Harvard University Press.

Whitaker, R. (2010). Anatomy of an epidemic. Magic bullets, psychiatric drugs, and the astonishing rise of mental illness in America. New York, NY: Crown.

Wolff, R. (2010) Aus Fehlern lernen. Qualitätsmanagement im Kinderschutz http://www.fruehehilfen.de/fileadmin/user_upload/fruehehilfen.de/pdf/Anlage_10_Wolff.pdf

Wunderink L, Nieboer RM, Wiersma D, Sytema S, Nienhuis FJ. (2013). Recovery in Remitted First-Episode Psychosis at 7 Years of Follow-up of an Early Dose Reduction/Discontinuation or Maintenance Treatment Strategy: Long-term Follow-up of a 2-Year Randomized Clinical Trial. JAMA Psychiatry. 2013 Jul 3. [Epub ahead of print]

開放對話‧期待對話：尊重他者當下的他異性
Open Dialogues and Anticipations: Respecting Otherness in the Present Moment

作者—亞科‧賽科羅（Jaakko Seikkula）、
湯姆‧艾瑞克‧昂吉爾（Tom Erik Arnkil）
譯者—吳菲菲
合作出版—茵特森創意對話中心

出版者—心靈工坊文化事業股份有限公司
發行人—王浩威　總編輯—徐嘉俊
責任編輯—徐嘉俊　特約編輯—陳民傑　內文排版—李宜芝
通訊地址—10684台北市大安區信義路四段53巷8號2樓
郵政劃撥—19546215　戶名—心靈工坊文化事業股份有限公司
電話—02）2702-9186　傳真—02）2702-9286
Email—service@psygarden.com.tw　網址—www.psygarden.com.tw

製版‧印刷—中茂製版分色印刷事業股份有限公司
總經銷—大和書報圖書股份有限公司
電話—02）8990-2588　傳真—02）2290-1658
通訊地址—248新北市新莊區五工五路二號
初版一刷—2016年12月　初版四刷—2023年4月
ISBN—978-986-357-080-6　定價—400元

國家圖書館出版品預行編目資料

開放對話.期待對話：尊重他者當下的他異性 / 亞科.賽科羅(Jaakko Seikkula), 湯姆.艾瑞克.昂吉爾
(Tom Erik Arnkil)著 ; 吳菲菲譯. -- 初版. -- 臺北市 : 心靈工坊文化, 2016.12
　面 ;　公分. -- (Master ; 49)
譯自 : Open dialogues and anticipations : respecting otherness in the present moment

ISBN 978-986-357-080-6(平裝)

1.心理治療　2.心理諮商　3.對話

178.8　　　　　　　　　　　　　　　　　　　　　　105022832

心靈工坊 書香家族 讀友卡

感謝您購買心靈工坊的叢書，爲了加強對您的服務，請您詳填本卡，
直接投入郵筒（免貼郵票）或傳眞，我們會珍視您的意見，
並提供您最新的活動訊息，共同以書會友，追求身心靈的創意與成長。

書系編號－MA049　　書名－開放對話・期待對話：尊重他者當下的他異性

姓名

是否已加入書香家族？ □是 □現在加入

電話（公司）　　　　　（住家）　　　　　手機

E-mail　　　　　　　　　　　生日　年　月　日

地址 □□□

服務機構 / 就讀學校　　　　　　　　　　職稱

您的性別—□1.女 □2.男 □3.其他

婚姻狀況—□1.未婚 □2.已婚 □3.離婚 □4.不婚 □5.同志 □6.喪偶 □7.分居

請問您如何得知這本書？
□1.書店 □2.報章雜誌 □3.廣播電視 □4.親友推介 □5.心靈工坊書訊
□6.廣告DM □7.心靈工坊網站 □8.其他網路媒體 □9.其他

您購買本書的方式？
□1.書店 □2.劃撥郵購 □3.團體訂購 □4.網路訂購 □5.其他

您對本書的意見？
封面設計　　　□1.須再改進　□2.尚可　□3.滿意　□4.非常滿意
版面編排　　　□1.須再改進　□2.尚可　□3.滿意　□4.非常滿意
內容　　　　　□1.須再改進　□2.尚可　□3.滿意　□4.非常滿意
文筆／翻譯　　□1.須再改進　□2.尚可　□3.滿意　□4.非常滿意
價格　　　　　□1.須再改進　□2.尚可　□3.滿意　□4.非常滿意

您對我們有何建議？

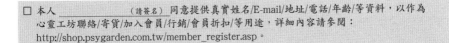

□ 本人　　　　　（請簽名）同意提供真實姓名/E-mail/地址/電話/年齡/等資料，以作為
心靈工坊聯絡/寄貨/加入會員/行銷/會員折扣/等用途，詳細內容請參閱：
http://shop.psygarden.com.tw/member_register.asp。

免　　貼　　郵　　票　　　　　　（對折線）

加入心靈工坊書香家族會員
共享知識的盛宴，成長的喜悅

請寄回這張回函卡（免貼郵票），
您就成為心靈工坊的書香家族會員，您將可以──

⊙隨時收到新書出版和活動訊息

⊙獲得各項回饋和優惠方案